Spiel die Hauptrolle in
Deinem Leben

Ich bin voller Dankbarkeit!

Voller Dankbarkeit für all die wundervollen Menschen, die meinen Lebensweg kreuzten und in mir mehr sahen als ich selbst. Die Andere aufbauen können, die Größe in anderen säen. Durch euch ist die Welt ein Stück besser und ich wünsche mir, dass ich eurem Beispiel weiterhin folgen kann und viele Menschen damit berühre und dazu inspiriere, mehr vom Leben zu wollen.

Überwältigt von Dankbarkeit für meine Seelenschwester Alex. Du bist die Beste. Lass uns gemeinsam Geschichte schreiben.

Voller Dankbarkeit für meine Mum, die mit mir als Kleinkind die Welt entdeckt hat und für meinen Papa, der immer das Beste aus mir rausholen wollte. Meinen Ehrgeiz und meinen Dickkopf habe ich von Dir.

Lieber Ernst, vielen Dank für das Vorwort und dafür, in Dir einen Mentor, Freund und ein Vorbild gefunden zu haben. Danke für Dein echtes Sein.

Gracias Javier Sanchez Padilla para invertir tanto tiempo en mi en el tiempo más oscuro de mi vida - gracias a ti, el día seguía a la noche. Eres un gran amigo y mentor.

Daniela Schwebke für die geniale Umsetzung meiner Covervorstellungen. Unbezahlbar, wenn man so verstanden wird.

Ausserdem danke ich mir selbst dafür, dass ich nie aufgegeben habe und es denen zeigen werde, die mich klein halten wollten und nicht an mich glaubten. Auch ihr habt mich angespornt, Danke dafür.

Marisa de Pablo

Spiel die Hauptrolle in Deinem Leben

... denn an Statisten erinnert sich keiner!

Wie Du aus der Opferrolle rauskommst &
wie Du damit Dein Leben aktiv veränderst

Bibliografische Information der Deutschen Nationalbibliothek
Die Deutsche Nationalbibliothek verzeichnet diese Publikation
in der Deutschen Nationalbibliografie; detaillierte bibliografische Daten sind im
Internet über http://dnb.d-nb.de abrufbar.

ISBN: 978-3-9820442-0-0

Inhaltsverzeichnis

Vorwort Marisa de Pablo

Hallo Du,

wie schön, dass Du mein Buch in Deinen Händen hältst. Es ist mir eine große Ehre, dass wir hier ein wenig Zeit miteinander verbringen dürfen und auch wenn wir uns vielleicht noch nicht kennen, freue ich mich sehr darüber, dass wir auf diesem Wege in Verbindung kommen und Du mir Dein Vertrauen schenkst, indem Du dieses Buch liest. Ich schreibe Dich deswegen mit einem respektvollen Du an, weil wir stellenweise sehr in die Tiefe gehen werden und ein Du ist einfach "näher" als ein Sie.

Mein Name ist Marisa de Pablo und nun möchtest Du sicher wissen, warum ich dieses Buch schreibe. Schon immer haben mich Heldenfiguren fasziniert und zeitgleich ist mir aufgefallen, dass es immer weniger Menschen gibt, die sich trauen, ihre volle Größe zu leben. Viel zu oft verstecken sich die Menschen hinter Rollen und vergessen dabei ihre Identität. Sie sind Tochter, Vater, Lehrerin, Ehemann, Triathlet, Hundebesitzer, ohne sich jemals darüber im Klaren zu sein, was ihren eigenen Charakter genau ausmacht. So unbewusst wie ihre Morgenroutine, bauen viele ihr komplettes Leben auf, weil "man das halt so macht." Schulabschluss, Abitur oder Ausbildung, Hochzeit, Haus, Kinder, vielleicht ein Hund. Das wollte ich nie, obwohl auch ich mir nichts schöneres vorstellen kann, als mit dem Mann, den ich liebe eine Familie zu gründen. Nur war mir wichtig, dass ich vorher wusste, wer ich bin und wofür ich auf dieser Erde bin. Um auch meiner Familie zeigen zu können, dass man kompromisslos zu sich stehen kann und da so erfüllend ist. Doch dann gab es eine schwierige Phase bei mir, die zum aktuellen Zeitpunkt mein halbes Leben überschattete.

Ich war gerade 16 Jahre alt, als ich dem falschen Mann vertraute. Er vergewaltigte mich und das veränderte mein gesamtes Leben. Ich fing an mich zu verstecken, da ich nicht wollte, dass jemand sah, wie es in mir drinnen aussah. Ich nutzte die Pubertät, um mein plötzliches verändertes Verhalten zu verstecken, sprach mit niemandem über das, was geschehen war. Ich zog mich von der Bühne meines Lebens zurück und wurde zum Statist. Das Alpha Tier in mir legte ich an die Kette. Tat eben alles, um nicht aufzufallen. Damals war mir nicht bewusst, welche extremen Auswirkungen das auf mein Leben haben würde - denn es war nicht so einfach zurück zu kehren und es geschah etwas, was so nicht geplant war. Zog ich mich aus dem Scheinwerferlicht zurück, weil ich nicht wollte, dass man mich als "Opfer" sehen würde, tat ich mir selbst genau dies an.

Ab sofort rechtfertigte ich mich ständig vor mir selbst. Das, was mir geschehen war, war plötzlich meine Ausrede für alles. Für schlechte Noten, für vergessene Geburtstage, für Streit mit Freunden und Verwandten - einfach für alles. Das, worauf ich bisher so stolz war, nämlich das ich mich nicht anpasste und immer "ich" geblieben war, das warf ich über Bord.

Ich wurde absoluter Profi im Opfer-Sein. Gepaart mit meinem damals sehr ausgeprägten Perfektionismus war das eine geniale Basis, einer dieser Menschen zu werden, der einfach nur im System funktionierten. Mein Trauma heilte ich nicht, stattdessen unterdrückte ich meine Emotionen und versuchte so zu tun, als wäre nie etwas gewesen.

Doch der innere Ruf in mir ließ sich nicht stumm schalten. Und umso heftiger ich mich gegen ihn wehrte, umso heftiger zeigte mir das Leben, dass ich aufwachen musste. Da draußen wartete mehr auf mich, als Statist in meinem eigenen Drehbuch zu sein. Es ist ein langer Weg aus dem Statisten-Dasein zurück auf die große Bühne meines Lebens, doch der Weg ist jede Mühe, jede Träne, jede überwundene Angst sowas von wert.

Aus diesem Grund lade ich Dich ein, mach auch Du Dich auf den Weg. Du wirst nicht über Nacht wieder die Hauptrolle an Dich reißen können, denn in Dir wirken alte Muster und Gewohnheiten, die Dich bisher klein gehalten haben. Doch Schritt für Schritt wirst Du der Starbesetzung, der großen Bühne, immer näherkommen können. Du wirst in Deine einzig wahre Rolle hineinwachsen und auch die Reise dorthin wird sich wie ein Abenteuer für Dich anfühlen. Ein Abenteuer, das Dich Dir selbst Stück für Stück näher bringt.

Eine Sache möchte ich Dir fürs Lesen dieses Buchs und für Dein Leben allgemein mitgeben. Wenn sich in Dir drin etwas ganz ganz stark gegen etwas strebt, sei es ein Satz, den Du liest oder ein Mensch, der Deinen Weg kreuzt, dann schau genauer hin, was Dich da so triggert. Ist es vielleicht Angst vor der Veränderung, die da spricht? Dann bleib dran. Ich habe die Erfahrung gemacht, dass oft genau diese Stellen in meinem Leben mich weiterbringen, habe aber selbst jahrelang gebraucht, um dies zu verstehen. Es gibt immer einen Teil in Dir, der die Veränderung möchte und einen Teil, der lieber genau so klein bleiben möchte, wie Du gerade bist. Größe bedeutet nicht, keine Angst mehr zu haben, sondern trotz der Angst zu handeln.

In den letzten 15 Jahren wusste ich innerlich immer, dass es sich lohnt weiterzuleben und doch war ich das ein oder andere Mal kurz davor, doch aufzugeben, meinem Leben ein Ende zu setzen, weil ich einfach nicht zurückfand. Der Preis, den Du zahlst, wenn Du Deinem inneren Ruf nicht folgst, ist extrem hoch. Denn Du nimmst Dir das Leben, welches Dir geschenkt wurde, damit Du einen Blockbuster daraus machst.

Ich wünsche Dir von Herzen ein erfülltes, gelebtes Leben,

Deine Marisa de Pablo

Vorwort Ernst Crameri

Lieber Leser und liebe Leserin,

wie schön, dass du das wertvolle Buch von Marisa de Pablo in der Hand hältst. Was für ein großartiges Meisterwerk aus ihrem Leben. Sie hat so recht mit der Aussage

„Spiele die Hauptrolle in deinem Leben – denn an Statisten erinnert sich keiner!"

Genau das ist der große Kernpunkt, sich selbst zu finden und dann auch zu leben. Unabhängig davon, was die lieben Mitmenschen alles meinen, was gut oder nicht gut für uns ist. Das wissen wir schon selbst, wenn wir wieder mehr auf unser Bauchgefühl hören.

Du hast doch nur das eine Leben, nimm es in deine Hände und mache daraus etwas ganz Großes. Denn über eines sollten wir uns im Klaren sein

„Es gibt eindeutig ein Leben vor dem Tod!"

Wie schön, wenn wir genau das Leben endlich leben und nur das. Denn was nützt es letztlich auf dem Sterbebett sagen zu müssen „Hätte ich doch nur!" und „Wenn ich das gewusst hätte!" dann ist es wahrlich viel zu spät und es gibt auch kein zurück mehr.

Die Welt braucht viel mehr Hauptdarsteller und weg von dem Klischee „Everybods Darling" sein zu wollen. Damit verkaufst du dich nur und genau das darfst du nie mehr tun. Sei dir treu und das schaffst du letztlich nur, wenn du genau weißt, was du willst und was nie mehr. Das ist der entscheidende Punkt, finde dich endlich und dann lebe dich. Lebe einfach nie mehr das Leben von anderen Menschen, da kannst du nur verlieren. Du weißt ganz genau, was dir gut tut und was nicht, sich selbst die Treue zu halten ist einer der wichtigsten Werte auf der ganzen Linie.

Es gibt keine Generalprobe in deinem Leben, es gibt nur die berühmte Uraufführung und da bist du schon mitten drin. Lebe und liebe dein so wertvolles und kostbares Leben. Du bist wahrlich dein größter Schatz und mit einem Schatz geht man sehr achtsam um.

Finde deine Rolle, ja finde deine Hauptrolle in deinem Leben. Es spielt keine Rolle woher du kommst, was du alles schon erlebt hast, schönes und auch schreckliches. Wichtig ist nur, welche Entscheidung du jetzt triffst und wie du es dann umsetzt. Ohne wenn und aber, auf der gesamten Linie absolut fokussiert. Dein Ziel ist es ganz klar Ergebnisse zu schaffen und nichts anderes als Ergebnisse. So wie in meinem Podcast www.ergebnisorientiert.com auch von Marisa klar dargestellt.

Was letztlich zählt sind sowieso immer nur die Ergebnisse und sonst nichts anderes. Nicht was du geträumt hast, und dass du dies und jenes vorhast. Das haben immer die meisten Menschen, ganz viel vor und dennoch fangen sie nicht an. Du bist ein absoluter Macher, weil du weißt eines, dein Leben ist viel zu kostbar und wertvoll. Du hast klar erkannt, dass mit der Geburt auch zugleich das Ende vorprogrammiert ist. Keiner kommt hier lebend raus, also wollen wir es doch voll und ganz leben, genießen und das Allerbeste aus unserem Leben machen.

Auch als Vorbild für andere Menschen vorangehen, für sie da sein, sie glücklich machen und ihnen durch unser Sein den Weg zeigen. Du bist solch ein großartiger und wundervoller Mensch, bist ein Traum für dich und die Menschheit. Alleine dafür darfst du unendlich dankbar sein. Jetzt wo du das Buch von Marisa in der Hand hältst, legst du los und schaue auch nie mehr nach rechts und links.

Es ist doch wahrlich egal, was andere Menschen denken und meinen. Habe du stets eine ganz hohe Meinung von dir und dann verkörpere diese nach außen. Stehe zu dir und das tust du fortan immer. Auch wenn dich nicht mehr alle vermeintlich lieben, das spielt keine Rolle. Du musst dich lieben, mit dir klarkommen, denn du hast dich ein ganzes Leben lang.

Liebe Marisa, dir wünsche ich ganz viel Erfolg mit deinem Buch, auf dass es ganz viele Leser auf der ganzen Welt erreicht. Zum Mut machen nur noch seine eigene Hauptrolle zu spielen und nie mehr etwas anderes. Ich danke dir auch für das Vertrauen, dass du immer wieder zu meinen Seminaren kommst. Das weiß ich sehr zu schätzen, dass du dank deinem festen Willen und dem Buchseminar „Wie schreibe ich mit Erfolg in 7 Tagen Bücher" dein Werk jetzt in den Händen deiner Leser liegt.

Als absolute Krönung bist du als Speakerin auf der 2. Speaker Cruise der Welt von Ernst Crameri dabei. Was für eine großartige Geschichte und wie klasse, dass dort dein Buch getauft wurde.

Dir lieber Leser ganz viel Kraft, vor allem Spaß und unendlich viel Lebensfreude, dass du dein Leben absolut lebst. In großer Dankbarkeit für alles, was möglich ist und wer weiß, vielleicht sehen wir uns auch einmal persönlich. Gerne würde ich dir da die Hand schütteln und in deine strahlenden Augen schauen, weil du deine Hauptrolle gefunden hast.

Herzlichst

Dein/Euer Ernst Crameri

www.crameri.de
www.ergebnisorientiert.com
https://www.facebook.com/ErnstCrameri
Dein Erfolgs-Newsletter www.crameri-newsletter.de

Wichtiges zu diesem Buch

Bevor wir einsteigen, möchte ich noch einige Worte an Dich richten, damit Du mich nicht direkt missverstehst, falls wir bisher noch keinen oder wenig Kontakt zueinander hatten. Das Buch, welches mir damals die Augen öffnete im Bezug auf meine Misere, das heißt „So denken Millionäre", geschrieben von T. Harv Eker. Ich glaube, dass sein Buch deshalb eine solch extreme Wirkung auf mich hatte, weil er eine Sache tat. Er kündigt zu Beginn an, dass er alles absichtlich ein wenig überspitzt, die Extreme darstellt. Genau das gleiche möchte ich auch tun, denn es vereinfacht, Dir ganz deutlich zu machen, was ich meine. Oft treffe ich auch verallgemeinernde Aussagen im Buch, was ich im Alltag tunlichst zu vermeiden versuche. Das dient dem Sinn zu verdeutlichen, in welche Richtung sich etwas entwickelt. Mir ist aber durchaus bewusst, dass es immer Ausnahmen gibt. Das ist immer so. Es gibt nie bloß Schwarz und Weiß. Wenn ich also davon schreibe, dass die heutige Gesellschaft so und so ist, dann bezieht sich das auf die Tendenz, nicht auf jedes einzelne Individuum.

Des Weiteren ziehe ich oft Vergleiche zu früher. Das soll in keinster Weise bedeuten, dass ich finde, dass früher alles besser war. Was ich aber tatsächlich denke ist, dass früher viele Werte tiefer und stärker in uns verankert waren und dass wir aktuell eine ganz große Herausforderung haben, vor die uns die Veränderung in der Welt stellt.

Außerdem lade ich Dich ein, arbeite aktiv mit diesem Buch. Wenn eine Übung kommt, dann lese nicht weiter, bevor Du Dir nicht die Zeit genommen hast, die Übung zu machen, denn das ist Teil eines Prozesses, der Dich durch das Buch begleitet. Bei einer Übung sorge für eine ruhige und schöne Atmosphäre, stell Dir etwas zu Trinken

dazu und Störfaktoren wie das Handy machst Du lautlos und legst
sie außerhalb Deines Sichtfeldes hin. Bitte überlege nicht zu lange,
sondern antworte aus dem Bauch heraus, schreibe einfach das hin,
was Dir als erstes in den Sinn kommt.

Nutze Textmarker, schreib ins Buch, lebe Dich aus. Der Spruch „Man
malt nicht in Bücher", der stammt aus einer anderen Zeit.
Wenn wir zu den Übungen kommen, dann mache diese direkt im
Buch. So hast Du immer alles zusammen und kannst auch später
wieder nachlesen, was Deine Gedanken zu dem Thema waren. Ich
persönlich schreibe mittlerweile immer noch Monat und Jahr dazu,
an dem ich etwas geschrieben habe, so kannst Du Deine Entwicklung
perfekt mitverfolgen über die Zeit.

Verbinde Dich mit mir:

Facebook Profil: www.facebook.com/marisa.depablo.1
Gruppe zum Buch: facebook.com/groups/spielediehauptrolle
Email: keinopfermehr@gmail.com
Blog: www.keinopfermehr.de

Kapitel 1:
Warum wir uns nicht auf die große Bühne wagen

Warum heute so viele Menschen sich mit einer Statistenrolle in ihrem eigenen Leben zufrieden geben, das ist eine sehr interessante Frage, denn in meinen Augen haben wir gerade in der heutigen Zeit so viel Raum, uns selbst zu entwickeln. Früher haben die Menschen gearbeitet, um über die Runden zu kommen. Heute kaufen wir uns teure Stereoanlagen, Statussymbole in Form von Autos und fliegen im Urlaub möglichst weit weg. Und obwohl wir heute so viel mehr "besitzen" als damals, scheint es nicht, als würden wir uns reicher fühlen. Im Gegenteil. Denn irgendwo auf dem Weg scheinen wir eines verloren zu haben - uns selbst. Wenn ich Dich jetzt frage: "Wer bist Du?", was wäre Deine Antwort? Vermutlich würdest Du mir jetzt Deinen Namen sagen und vielleicht noch Deinen Beruf. Aber ist das wirklich das, was Dich als Mensch ausmacht? Hast Du Dich schon einmal ganz bewusst und intensiv damit auseinandergesetzt? In der Schule lernen wir viele Dinge, die wir im Leben nicht mehr brauchen, aber es gibt auch sehr viel, was nicht gelehrt wird, was wir im Leben jedoch sehr gut gebrauchen könnten. Eine gute Beziehung zu uns selbst aufzubauen ist eine Sache davon. Genauso ist es mit individuellen Talenten. Jeder bekommt Noten für die gleiche Leistung, viel Potenzial bleibt aber in Deiner ganzen Schullaufbahn unentdeckt, weil es kein entsprechendes Fach gibt. Es gibt sicher noch viel mehr Gründe, warum so viele von uns nicht ihr volles Potenzial leben, die für mich entscheidendsten habe ich Dir hier in dieses Kapitel gepackt.

Eine Gesellschaft voller Statisten - unsere Prägung

Schon im Vorwort habe ich kurz von diesem Automatismus gesprochen, in den viele Menschen in der heutigen Gesellschaft reinrutschen. Das hat mit Sicherheit viele Gründe. Mit einer der stärksten ist wohl die Prägung, die wir von unserem Umfeld als Kinder erhalten. Meine Eltern, wie auch der Rest der Familie, waren Angestellte. Und der normale Weg für mich war eben, nach der höchstmöglichen Bildung zu streben, um mich dann auf einen guten Job hin zu bewerben. So geht es wohl der Mehrheit der Menschen, auch wenn Deine Eltern selbstständig sind, erstmal geht es um einen bestmöglichen Abschluss. Wenn man sich dann im Berufsleben eingefunden hat, dann geht es einfach so weiter. Ehe, Kinder, Haus. Diesen Lebensweg hinterfragen wir oft gar nicht, denn das macht ja jeder so. Dieses Konstrukt wird also von Generation an Generation weitergegeben. Das wir unser Leben auch völlig anders gestalten können, vor allem in der heutigen Zeit, in der sich so vieles verändert hat, das ist uns oft nicht bewusst, oder wir merken es erst dann, wenn wir irgendwann an Burnout leiden, weil unser Körper so unter Stress steht, wenn wir nicht auf uns selbst hören. Eine Gesellschaft, die nicht viel hinterfragt, oder auf Facebook jammert, ohne sich aktiv gegen eine Veränderung einzusetzen, ist natürlich auch für die von Vorteil, die von uns profitieren, wie zum Beispiel die Regierung oder andere einflussreiche Mächte. Auch Lehrer

Opfer ziehen Opfer groß

Dieser Punkt ist ein ganz wichtiger. Wenn Deine Eltern das Bewusstsein nicht hatten dafür, dass sie ihr Leben anders gestalten können und es ihnen nicht bloß zustößt, wie sollten sie das an Dich weitergeben? Wenn Deine Eltern sich nur in ihre Rolle gefügt haben, dann haben sie Dich nach bestem Wissen und Gewissen genau mit diesem Mindset großgezogen. Was Du hier anerkennen darfst ist ihre positive Absicht: Sie wussten es nicht besser und sie wollten das Beste für ihr Kind. Dieser Absatz ist aber auch für Dich, wenn Du selbst schon Kinder hast. Umso mehr Du Dich mit dem auseinandersetzt, was möglich ist, wie viel Potenzial in jedem Menschen steckt (ja, auch in Dir), umso stärker kannst Du Deine Kinder machen. Du kannst ihnen beibringen, dass Menschen, die einen schlecht behandeln, das Problem meist in sich tragen, weshalb Du dann etwas bei ihnen auslöst. Du kannst ihnen beibringen, dass sie nur sich selbst brauchen, um glücklich zu sein. Du kannst ihnen beibringen, wie stark die Liebe ist und dass sie wertvoll und richtig sind, genau so, wie sie sind. Umso früher ein kleines Lebewesen diese Prägung bekommt, umso tiefer wird sie in ihm verankert werden. Das wird eine wundervolle Basis sein, um den Herausforderungen des Lebens entgegentreten zu können. Ein Mensch, der sich seines Wertes bewusst ist, der kann so viel meistern und dieser Mensch braucht auch nicht ständig Anerkennung von außen, denn er ist sich seines Wertes bewusst und dessen, dass dieser Wert nicht von guten Noten, von einem liebenden Partner oder einem Lob vom Chef abhängig ist.

Anders sein

Anders sein ist für viele heute eine große Herausforderung. Es liegt in der Natur des Menschen, dass wir uns zugehörig fühlen wollen. Wir möchten Teil des Rudels sein. In jungen Jahren haben wir noch nicht so die Auswahl, was unsere Kontakte angeht. Was wichtig ist, ist, dass wir lernen, dass wir nicht zu jeder Gruppe passen müssen. Sondern uns, besonders ab dem Jugendalter, diese frei auswählen können. Idealerweise suchen wir uns eben zu uns passende Mitmenschen, die uns respektieren wie wir sind. Hier habe ich ein kurzes Beispiel aus meiner Jugend für euch. Ich war in einer größeren Clique und wie es damals so üblich war, wollten wir unser Tanzkränzchen machen. Die meisten Mädels aus meiner Klasse waren aus dem Nachbarort und dort gab es eine Tanzschule, die aber dafür bekannt war, dass die Leitung dieser Tanzschule sehr streng war, was Benimmregeln angeht. Obwohl ich mich in der Clique sehr wohl fühlte, sträubte sich in mir alles gegen die Tatsache, dass mich eine "alte Schachtel" mit fast 16 noch erziehen zu müssen meinte. Ich ging in eine Tanzschule in einer nahegelegenen Stadt, in der ich mit Freunden mal ein Ferienprogramm mitgemacht hatte. Es war eine tolle Zeit, die Tanzlehrer waren super locker und haben uns mit Spaß das Tanzen vermittelt. Mein Fazit aus dieser Erfahrung? Ja, ich habe mich in dem Moment in dieser Situation von meiner Clique ausgegrenzt und manchmal war es schade, wenn ich nicht mitreden konnte, wenn sie wieder vom Unterricht am Vorabend sprachen. Bei ihrem Abschlussball durfte ich als Gast trotzdem dabei sein. Für mich aber eindeutig das Wichtigste: Ich habe auf mein Bauchgefühl gehört, auf meine innere Stimme vertraut und das, was sich öffnete, das waren neue Türen. Ich habe ganz viele tolle neue Menschen kennenlernen dürfen, wir hatten Freude beim Tanzen und wurden auf Augenhöhe behandelt, nicht wie kleine Kinder, die sich nicht zu benehmen wussten. Anders sein ist nichts Schlimmes und als Kleinkind würden wir uns wohl einfach überall etwas abgucken und dann das wählen, was für uns stimmig ist. Lieder wird dieser Prozess früh unterbrochen, wenn es anfängt mit: „Das tut man nicht." oder „Das kannst Du nicht." Jetzt als Erwachsene kannst Du das wieder lernen. Höre in Dich rein und finde heraus, wer und was Du bist, was Dich ausmacht. Dazu gibt es weiter hinten im Buch auch ganz viele Übungen, damit Du Dich schon beim Lesen auf den Weg machen kannst. Der Vorteil als Erwachsener ist, dass Du mehr Auswahl hast, welchen Menschen Du Dich anschließt. Es geht auch nicht darum, dass diese Menschen genau so sein sollen wie Du, sondern darum, dass sie Dich respektieren wie Du bist. Dazu musst Du natürlich erst mal wirklich Du sein und Dich trauen, Dein wahres Ich auch nach außen zu tragen.

Die Illusion „Sicherheit"

„Wer die Freiheit aufgibt, um Sicherheit zu gewinnen, wird am Ende beides verlieren."

Benjamin Franklin

Sicherheit ist auch ein großer Punkt, wenn es um die Frage geht, warum wir unser Potenzial verstecken. Wir schließen endlos viele Versicherungen ab, oft ohne genau zu wissen, wofür die genau gut ist, wann sie eigentlich wirklich greift und wie viele Klauseln es gibt, dass sie unter den Umständen a-y nicht greift. Genauso bauen wir auf eine Festanstellung, von der viele auch heute noch glauben, dass sie sicher sei. Aber ganz ehrlich, ist dem wirklich so? Bei meinen Großvätern war es noch so, sie haben angefangen bei Opel zu arbeiten und unter normalen Umständen sind sie dann auch geblieben bis zur Rente. Bei meinem Vater, der auch schon bei Opel gelernt hat, sieht es bereits anders aus. Bei der ersten großen Abfindungswelle ist er geblieben, war zu jung, um danach nichts mehr zu tun, aber auch zu alt, um noch gute Chancen auf dem Arbeitsmarkt zu haben. Jetzt ist er einfach bei jeder Nachricht nur froh, wenn es weitergeht mit Opel, genauso wie mein Bruder, der ebenfalls seine Ausbildung dort absolviert hat. Bei ihm dürfte es ziemlich unwahrscheinlich sein, dass er sein ganzes Leben für diesen Konzern arbeitet. Diese Sicherheit, die wir glauben zu haben, die ist eine Illusion und sie lässt sich ganz einfach mit einem Wort erklären – Angst.

Angst

Sie ist ein wichtiges Werkzeug für alle, die nach Macht streben, das ist schon immer so. Früher regierte die Kirche mit Angst die Menschen, heute sind es nicht nur die Politik, die uns klein halten möchte, Angst wird auch verbreitet von der Pharmaindustrie, von Versicherungsmaklern und vielen mehr, die aus diesem Gefühl

Profit schlagen können. Selbstständigkeit wird zum Beispiel oft als hohes Risiko angesehen, immer wieder ließt man, dass Gründer scheitern. Aber wenn man genauer hinsieht, dann liegt das nicht an der Sache an sich. Vielmehr liegt es daran, dass viele Menschen einfach falsche Vorstellungen haben und sich von Schwierigkeiten in der Anfangszeit abschrecken lassen. Genau betrachtet ist ein eigenes Business aber keine Glückssache, sondern viel mehr eine Wissenschaft. Weiß man, worauf es ankommt, agiert man rational und weiß seine Gefühle, besonders die Ängste, zu kontrollieren, so ist dies ein Erfolgsgarant für ein eigenes Business. Und hier kommt das Paradoxe an der Sache mit der Angst und der scheinbaren Sicherheit. Ein Unternehmer, der einmal die Schritte verstanden hat, auf die es ankommt, der kann diese Schritte immer wieder wiederholen – völlig unabhängig vom Produkt oder der Dienstleistung, unabhängig vom Standort. Mit einigen Abwandlungen wird sein System wieder funktionieren. Während ein Job von so vielen Faktoren abhängt. Deinem Vorgesetzten, Deinem Chef, manchmal fremden Aktionären, sogar die Politik kann dafür sorgen, dass durch eine Gesetzesänderung morgen Dein Produkt nicht mehr gebraucht wird oder gar verboten ist. In diesem Fall haben die Konsequenzen für Dich rein gar nichts mit Deiner Leistung zu tun, Du bist ein Spielball all derer, die in diesem Spiel das Sagen haben. Wenn Du aber nur noch auf Deine eigenen Fähigkeiten baust, dann können Dich diese immer wieder weiterbringen. Das gibt Dir auch Vertrauen in Dich und Dein Potenzial (zurück) und dieses gibt Dir wiederum die Möglichkeit, nicht mehr so ängstlich sein zu müssen.

Macht

Das Machtbestreben der Menschen ist schon immer etwas, was unterbindet, dass sich die breite Masse als Weltveränderer mit unbegrenztem Potential sieht. Denn Menschen mit einem schwachen Selbstbild sind einfach zu kontrollieren, sie fügen sich ihrem Schicksal, lehnen sich nicht auf. Früher waren es Herrscher oder die katholische Kirche, die das für sich genutzt haben, heute ist es die Regierung, aber auch starke Mächte wie zum Beispiel die Pharmaindustrie. Ihnen spielen einige der anderen Punkte natürlich wunderbar in die Karten, wie die Tatsache, dass sich das durch die Prägung auf die jeweils nächste Generation überträgt, aber auch, dass Menschen voller Angst haben, entwurzelt werden, da der Zusammenhalt immer mehr fehlt und dass „anders sein" in der Gesellschaft eher unterbunden als gefördert wird. Gern wird dies alles durch die Machthabenden verstärkt. Im Mittelalter wurden Hexen verbrannt, heute werden immer wieder Menschen mundtot gemacht, zum Beispiel wenn sie sich mit alternativen Heilmethoden beschäftigen. Also wirklich weiterentwickelt haben wir uns diesbezüglich nicht, auch wenn man es meinen sollte. Mir läuft es immer wieder kalt den Rücken runter, wenn ich diesen Vergleich ziehe, denn das zeigt, trotz aller Errungenschaften auf anderen Gebieten, hier sind wir fast in der gleichen Situation wie damals. Erwachte Menschen, die sich ihres Potenzials bewusst sind, stellen eine große Gefahr für Autoritäten dar und diese setzen alles daran, diese Gefahr klein zu halten. Das zeigt sich sehr deutlich bis hin zu unserem Schulsystem, in dem wir nicht als Individuen gefördert werden, sondern Schuljahr für Schuljahr mehr zu Einheitsbrei vermengt werden. Oder dass die Erkenntnis von Dr. Warenburg, dass Krebs nur im sauren, anaeroben Milieu entstehen kann, für die er bereits 1931! den Nobelpreis der Medizin bekam, nicht viel verbreiteter ist. Aus meiner Zeit, in der ich mit Klienten im Fitnessbereich zusammenarbeitete, weiß ich leider, dass das kaum einem bewusst ist und wie man zu einem guten Säure-Basen Haushalt im eigenen Körper beitragen kann. Mit natürlicher Prävention lässt sich eben so schlecht Geld machen und Angst schüren ließe sich dann auch viel schwieriger.

Zusammenhalt

Zusammenhalt ist für uns Menschen so ein wichtiges Thema. Wie ich bereits erwähnte, der Mensch ist ein Rudeltier. Früher lebten Menschen in engeren Verbänden und vor allem die Familie lebte zusammen, da eine Abhängigkeit bestand. Die Ältesten und die Kinder wurden von der Arbeitskraft derer miternährt, die arbeiten konnten. Während sich die Frauen um Kinder und Haushalt kümmerten, gingen die Männer arbeiten. Heute sind diese Gefüge oft zerbrochen und bis auf die Kinder ist jeder Mensch für sich selbst verantwortlich. Für die Alten gibt es Rente und Altenheime. Kinder stecken wir immer früher in die Kindergrippe, weil beide Elternteile arbeiten gehen. Ehen werden geschlossen und aufgelöst, Partnerschaften von heute auf morgen durch neue ersetzt. In manchen Kulturkreisen mehr, in manchen weniger. Keine Frage, es ist super, dass Frauen arbeiten dürfen, das würde ich für nichts auf der Welt rückgängig machen wollen. Das, was für mich die Herausforderung darstellt, vor die unsere Gesellschaft steht ist vielmehr die, dass mittlerweile oft der Fall ist, dass beide Elternteile Vollzeit arbeiten müssen. Somit bleibt nicht viel Zeit für Kinder und Rentner und im Trend der Unabhängigkeit will überhaupt keiner mehr seine Eltern mit im Hause wohnen haben und deren Meinung wird meist mit einem Augenverdrehen abgetan. Die Bindung fehlt. Sie wird im Kindesalter schon nicht so aufgebaut wie früher und sie wird auch nachträglich nicht gebildet, weil wir es gar nicht anders kennen. Dies überträgt sich dann auf alle zwischenmenschlichen Verbindungen, die wir eingehen, egal ob mit dem Partner, ob Freundschaften betreffend oder dann unsere eigenen Kinder. Durch die Tiefe, die uns hier abhanden gekommen ist, ist das Fundament der zwischenmenschlichen Verbindungen heute im Durchschnitt instabiler. Das wird weiterhin dadurch begünstigt, dass wir heute scheinbar unbegrenzt Zugang zu neuen Kontakten haben, durch die wir die vorherigen austauschen können. Wir brauchen also keine Lösungen innerhalb der Konfliktlösungskompetenz, unsere Lösung ist immer häufiger, dass wir uns einfach einem anderen Menschen zuwenden, sobald es mit einer Person schwierig wird. Nur fangen wir dann immer wieder bei 0 an, weshalb uns am Ende Menschen fehlen, die in den schwersten Zeiten unseres Lebens 100% hinter uns stehen. In Folge daran kennen wir immer mehr Menschen, aber keinen richtig gut und keinen so, dass er für uns die Hand ins Feuer legen würde. Das ist von der Logik in etwa so wie die Frau mit dem begehbaren Kleiderschrank, die „nichts anzuziehen" hat. Setze auf Qualität, nicht auf Quantität, eine Handvoll richtig guter Freunde sind so viel mehr wert als all diese flüchtigen Kontakte von hier und dort. Wenn Du diese eine Person in Deinem Leben hast, von der Du weißt, sie würde ihr Leben für Dich geben, dann gib diese niemals für nichts und niemanden auf.

Einstellung zu „Fehlern"

Das Thema mit der fehlenden Kompetenz Konflikte zu lösen passt auch gut dazu, wie wir mit Fehlern umgehen. Wir sind einsame Spitze im Anklagen und miserabel im Verzeihen. Besonders was eigene Fehler betrifft. Und nicht nur, dass wir uns unsere Fehler nicht verzeihen, wir geben sie auch nicht zu, so viel Angst haben wir davor, dabei erwischt zu werden, mal nicht alles richtig gemacht zu haben. Um sich heute positiv von der Masse abzuheben genügt schon eine Sache: Stehe zu Deinen Fehlern. Das ist heute so selten geworden, dass jemand einfach sagt: „Ich war es, ich übernehme die Verantwortung." Chefs schieben es auf die Sekretärin, der Kundendienstler auf die Produktion. Bereits Kinder beginnen mit diesem Verhalten, sie schieben vergessene Hausaufgaben auf den Hund, der sie gefressen haben soll. Dabei ist schon fragwürdig, wie wir überhaupt zu Fehlern stehen. Denn von unserem Umfeld werden wir so geprägt, als seien sie grundsätzlich etwa schlechtes. Dabei beinhalten sie vor allem eins: Chancen. Die Chance zu lernen steckt in jedem Fehler und in der Chance zu lernen steckt die Möglichkeit zu Wachsen. Wenn Du also selbst etwas gemacht hast, von dem Du nun merkst, dass es nicht das Richtige oder nicht das Beste war, dann kannst Du erstmal anerkennen – Du hast was getan. Denn es gibt dieses eine Zitat, welches aussagt:

„Wer keine Fehler macht, der macht auch sonst nicht viel."
Quelle unbekannt

Fehler sind etwas ganz Natürliches in unserem Leben, wir brauchen sie, um uns auf ihrer Basis weiterentwickeln zu können. Geh also nicht so hart mit Dir ins Gericht, anstatt Dich maßlos darüber zu ärgern, was schiefgelaufen ist, analysiere lieber wieso der Fehler geschehen ist, was Du daraus lernen kannst und wie Du es mit diesem Wissen nun besser machen kannst.
Im Folgenden denke bitte an 3 Fehler, die Du Dir besonders zu Herzen nimmst und beantworte die 3 Fragen, damit Du gedanklich davon loslassen kannst und bedanke Dich bei Dir, dass Du Dir damit die Möglichkeit gegeben hast, aus Vergangenem Neues zu lernen.

Fehler Nummer 1: ____

Wieso ist dieser Fehler geschehen?

____

____

____

Was kann ich daraus lernen?

____

____

____

Wie kann ich es nun besser machen?

____

____

____

Fehler Nummer 2: _______________________________

Wieso ist dieser Fehler geschehen?

____

____

____

Was kann ich daraus lernen?

____

____

____

Wie kann ich es nun besser machen?

____

____

Fehler Nummer 3: _______________________________

Wieso ist dieser Fehler geschehen?

____

____

____

Was kann ich daraus lernen?

____

____

____

Wie kann ich es nun besser machen?

____

____

____

Traumatische Erlebnisse

Wenn in seinem Leben jemand eine Erfahrung machen muss, die traumatisch ist, dann führt auch das oft dazu, dass man sich zurückzieht, aus den verschiedensten Gründen. Je nachdem, was geschehen ist, kann derjenige Trauer, Scham, Angst, Verzweiflung,

Schuldgefühle empfinden, oder gar an einer posttraumatischen Belastungsstörung leiden, es ist vieles denkbar. Leider ist es tatsächlich so, dass sehr viele Menschen schlimme Dinge erleben müssen und obwohl wir nicht im Krieg leben, wirft das heute viele Menschen sehr stark aus der Bahn und was eine Chance wäre, wird leider oft eher zum Verhängnis. Im Vergleich nämlich zu einer traumatisierten Nachkriegsgeneration ist bei uns das Überleben gesichert. Die Menschen von damals haben schreckliche Dinge erlebt, doch zum einen hatten sie oft noch Familie oder Freunde, für die es sich durchzuhalten lohnte, zum anderen hatten sie keine Wahl als ihren Teil dazu beizutragen, das Land wiederaufzubauen und Geld zu verdienen. Wir haben heute die Chance, denn wir können uns krankschreiben lassen und uns um unsere Heilung kümmern, doch sehr viele Menschen nutzen diese Chance nicht, einerseits haben sie Angst vor der Reaktion ihres Umfeldes oder auch davor ihren Job zu verlieren, andererseits fürchten sich viele davor, ein solches Erlebnis aktiv anzugehen, denn um etwas zu verarbeiten muss man zuerst durch den Schmerz durchgehen. Faktoren, die ich vorher bereits nannte, wie fehlender Halt von Familie und Freunden und unsere Prägung sorgen dafür, dass wir noch schwerer wieder aus dem Irrweg herausfinden und auch die Therapiemöglichkeiten sind oft eine Herausforderung. Es fängt bei der Wahl der Therapieform an, oft wartet man lange auf einen Termin und es passt noch lange nicht jeder Therapeut zu jedem Patienten, schließlich muss man sich ja dieser Person auf öffnen können, was sehr schwierig ist. Das alles führt dazu, dass wir das Trauma oft einfach von uns schieben wollen, aber weiterhin unter seinem Einfluss leiden.

Das „Recht", sich Opfer nennen zu dürfen
„Aber ich bin ein Opfer.", wird oft erwidert, wenn ich davon spreche, dass man aus der Opferrolle ausbrechen soll. Wenn ich das sage, dann bedeutet das nicht, dass ich das Leid, das einem Menschen

widerfahren ist, ausblenden, ignorieren oder gar verleugnen will. Keineswegs. Ja, man ist Opfer geworden von etwas oder jemandem. Das ist schlimm, keine Frage. Und man kann das immer und immer wieder nutzen, um sich zu rechtfertigen. „Ich habe dies und jenes nicht getan, weil …“ „Ja, ich habe dies und das, aber …“ Nur bringt es eben nichts Gutes mit sich, wenn man das immer und immer wieder wiederholt. Diese Worte zu benutzen bringt Dich in eine Schwingung, die für Dein persönliches Glück sehr hinderlich ist. Warum? Weil ein Opfer keine Kontrolle hat. Das mag für die Situation stimmen, in der Du warst, das stimmt aber nicht für Dein Leben im Allgemeinen.

**„Das Leben ist 20 % was Dir geschieht
und 80 % wie Du darauf reagierst.“**
Quelle unbekannt

Genau hier greift das. Hast Du eine Opfermentalität, wirst Du anders auf Dinge reagieren, als wenn Du ein Mensch bist, der selbstbewusst durchs Leben geht. Dadurch entsteht bei vielen Menschen eine Abwärtsspirale, die sehr schwer wieder zu durchbrechen ist, denn effektiv kann diese Talfahrt nur eine Person beenden. Eine Person, die oft den Glauben an sich selbst verloren hat und damit auch den Glauben daran, dass sie etwas an ihrem „Schicksal“ verändern kann. Also ja, falls diese Opfersache auch auf Dich zutrifft, Du bist ein Opfer – gewesen. In dem Moment, in dem ein bestimmtes Ereignis eingetreten ist. Aber bitte definiere Dich nicht darüber. Du bist nicht Dein Erlebnis. Was ich im Englischen im Bezug darauf sehr mag ist, dass sie statt dem Wort „victim“ für Opfer häufig das Wort „survivor“ verwenden, was Überlebender bedeutet. In diesem Wort steckt für mich so viel drin, es steht für mich für Stärke und für eine neue Chance, eine Perspektive für das Leben danach. Nach einem Erdbeben, einem Unfall, einem Flugzeugabsturz werden Überlebende gefeiert, denn sie spenden Hoffnung. Wenn Du Dich anstatt als Opfer anfängst als Überlebende/r zu sehen, hast Du viel gewonnen. Du erlaubst Dir selbst einen Neuanfang. Jetzt magst Du sagen, ach quatsch, das ist doch nur ein Wort und was kann ein einzelnes Wort schon für einen Unterschied machen. Deswegen möchte ich eine kleine Übung mit Dir machen. Schließe gleich die Augen, atme tief durch und sage 10 Mal hintereinander, aber jeweils mit einigen Sekunden Abstand zwischen den Wiederholungen: „Ich bin ein Opfer." Achte ganz genau darauf, wie diese Worte auf Dich wirken. Was denkst Du? Was fühlst Du? Was macht es mit Deiner Körperhaltung? Mache die Übung jetzt und notiere Deine Gedanken dazu direkt jetzt im Anschluss.

„Ich bin ein Opfer."

____

____

____

____

____

____

____

Nun wiederhole die Übung, diesmal mit dem Satz: „Ich bin ein/e Überlebende/r."

„Ich bin ein/e Überlebende/r."

Hast Du einen Unterschied gemerkt? Ich finde diese Übung sehr wertvoll, um sich vor Augen zu führe, wie wichtig Rhetorik hier für die Wahrnehmung ist, die man von sich selbst hat. Schreibe kurz auf, wie Du diese Übung für Dich erlebt hast und welches Fazit Du daraus für Dich ziehen wirst.

____

____

____

Meine persönliche Geschichte werde ich Dir weiter hinten im Buch ausführlicher erzählen, hier möchte ich nur soviel sagen, dass dieser Mindset Punkt für mich der schwerste und zugleich der wichtigste war. Denn erst, als ich erkannt habe, dass es nicht mehr mein Thema an sich war, das mich ausbremste, sondern diese Opfermentalität, die ich so verinnerlicht hatte, konnte ich aus dieser Abwärtsspirale wirklich aussteigen. Vorher fühlte ich mich wie im Treibsand gefangen, ich hatte so viele Dinge versucht, um wieder ins Leben und in meine Selbstbestimmung zurück zu finden, aber es funktionierte nicht, wie ich es mir vorstellte, ich kam einfach nicht weiter. Tu Dir bitte den Gefallen und nimm das wirklich für Dich mit, Du bist vielleicht Opfer geworden von etwas Schrecklichem, aber:

Du bist kein Opfer!!!

Definiere Dich bitte nicht darüber, nie wieder. Du hast so viel mehr Dinge, die Dich ausmachen, während das, was Dir geschehen ist, rein gar nichts über Dich aussagt.

Bewusstsein

Da wir heute immer beschäftigter sind, geht uns das Bewusstsein oft verloren, wird durch Automatismen ersetzt. Diese sind per se nichts Schlechtes, denn sie sparen viel Energie und Zeit. Bei kleinen Dingen, wie dem Zähneputzen zum Beispiel, ist das sicher nützlich, denn wir müssen nicht jeden Morgen neu und groß darüber nachdenken, wie wir das tun. In Sachen Selbstverteidigung, im

Leistungssport, da müssen Abläufe sogar automatisiert in Deinem Körper ablaufen, damit Du eine richtig gute Performance erreichst und die Bewegungen jederzeit abrufen kannst. Doch vielleicht hast Du das auch schon mal erlebt. Du legst einen gewohnten Weg zurück und fragst Dich hinterher, wie Du eigentlich angekommen bist, denn Du kannst Dich nicht bewusst an Details erinnern. Oder Du bist ausser Haus und fragst Dich plötzlich, ob die Herdplatte aus ist. Das kann schon ein unangenehmes, mulmiges Gefühl sein, auch wenn meist alles gut ist. Blöd wird es jedoch, wenn Du Dein komplettes Leben dermaßen auf Autopilot stellst. Wenn Du nicht bewusst und präsent bist, dann entgeht Dir so viel wundervolles in Deinem Leben. Wie viele Menschen sehe ich mit ihren Kindern spazieren gehen, den Blick nur immerzu aufs Smartphone gerichtet. Wenn ich mich an meine Kindheit erinnert, dann hat meine Mama mir auf Spaziergängen die Welt gezeigt, ganz viel erklärt und gemeinsam haben wir uns an all dem erfreut, was die Natur uns zu bieten hat. Wir genießen das Essen nicht mehr, denn wir haben keine Zeit. Stopfen uns voll, Hauptsache satt. Können schlecht abschalten, denn irgendwas ist immer, das wir tun „müssen". Dieses Beispiel erzähle ich nicht, weil ich jammern möchte, sondern weil es für mich ein sehr trauriges, aber sehr deutliches Beispiel ist. Als ich 2018 den Schritt nach Mexiko wagte, war der Plan, dass ich nicht zurückkomme, sondern mich dort um Papiere kümmere. Also schmiss ich eine Abschiedsparty für einige meiner Freunde. Nichts großes, einfach einen kleinen Umtrunk, alle nochmal sehen und sich verabschieden voneinander. 2 Freundinnen „mussten" putzen. Deine Wohnung und der Dreck laufen Dir nicht weg – Freunde schon. Besonders, wenn Du ihnen diesen Stellenwert zu schreibst. In Beziehungen geschieht durch den stressigen Alltag oft ähnliches. Wir leben irgendwie nebeneinander her. Ein sehr schönes Ritual, dass ich von Freunden kennenlernte, ist, sich auch mit dem langjährigen Partner einen Date Abend pro Woche raus zu nehmen. An diesem Tag macht ihr euch schick, genießt die Gesellschaft und die volle Aufmerksamkeit eures Partners und tut eurer Partnerschaft damit richtig gut. Keine Zeit? Auch hier achte wieder darauf, welchen Wert Du der Liebe Deines Lebens gibst und ob ihr nicht Priorität haben solltet gegenüber anderer Dinge wie Buchhaltung etc. Die Qualität der Zeit, die ihr miteinander verbringt ist wesentlich entscheidender als die Quantität.

Die Welt braucht mehr Hauptdarsteller

All die genannten Punkte sorgen dafür, dass wir eher zum Verhalten eines Statisten neigen. Schon ganz früh wird uns das antrainiert. Doch die Welt, die Menschen sind durstig nach denen, die aktiv ihr Leben gestalten und sich ins Scheinwerferlicht wagen. Als Vorbild, als Stimmgeber, als Zeugnis, dass etwas ganz wundervolles daraus entstehen kann, wenn man diesen Mut aufbringt. Warum brauchen wir das? Weil es uns Hoffnung gibt und weil solche besonderen Persönlichkeiten oft die sind, die Revolutionen anführen, bahnbrechende Ideen haben und damit die Welt zu einem besseren und lebendigeren Ort machen. Oft hat man bei solchen Menschen das Gefühl es läuft, ihnen fliegt alles zu und deshalb sind sie so wie sie sind. Doch das ist nicht so, ganz und gar nicht. Was dahinter steckt und wie auch Du das Prinzip dahinter für Dich nutzen kannst, darüber mehr in Kapitel 3. Für den Moment möchte ich Dir nur mitgeben, dass auch Du in Deiner vollen Kraft gebraucht wirst. Finde zu Dir, begib Dich auf den Weg, entdecke Dich neu und lebe dann dieses echte, pure Leben. Immer wieder hört man davon, dass Menschen am Sterbebett besonders bereuen, was sie alles nicht getan haben. Sei keiner von dieser Sorte, sondern nutze die Chance, die Du jetzt hast. Wenn man sein Leben wirklich und wahrhaftig lebt, dann ist ein Leben genug. Dazu gibt es ein schönes Zitat, dass ich mir auch immer wieder selbst gern in Erinnerung rufe:

> **„Du kannst dem Leben nicht mehr Tage geben,
> aber den Tagen mehr Leben."**
>
> **Quelle unbekannt**

Gehe also raus und lebe! Jeden Tag. Bleibst Du dabei ganz bei Dir,
so wird das ein ganz besonders Leben, vertraue darauf. Damit Dir
das in Zukunft leichter fällt als bisher, werden wir Dich langsam
Stück für Stück aufbauen.

Kapitel 2:
Das Casting hast Du schon gewonnen – weil Du Du bist

Absoluter Mittelpunkt dieses Buches ist eine einzige Person – Du. Dieses Buch lädt Dich zum Wachsen ein und deswegen werden wir in diesem Kapitel erste Samen säen, auf das Du nach dem Lesen nicht mehr der selbe Mensch bist wie der, der hier nun diese Zeilen liest. Denn aus irgendeinem Grund hat Dich der Titel des Buchs angesprochen und Dich dazu bewegt, Dich auf diese Reise mit mir zu begeben.

Wie denkst Du über das Leben und Dich?

Kommen wir zu einer weiteren Übung. Denk daran, was ich zu Beginn des Buchs geschrieben habe, nimm Dir wirklich Zeit für die Übungen und sorge für eine ruhige, entspannte Atmosphäre. Antworte intuitiv und schreibe die Dinge einfach so hin, wie sie Dir in den Sinn kommen. Es gibt kein „falsch", das Einzige, was Du beachten solltest ist, dass Du ehrlich zu Dir bist. Das Papier stört es nicht, wenn Du es mit Lügen vollschmierst, aber Dich bringt es nicht weiter im Leben. Gebe jeder Aussage einen Wert

1 =   Trifft überhaupt nicht zu
10 =   Trifft voll zu

1. Ich vertraue mir, alles zu schaffen was ich möchte   ____
2. Loslassen fällt mir leicht   ____

3. Ich liebe mich selbst   ____

4. Das Leben liebt mich   ____

5. Es fällt mir leicht zu verzeihen   ____

6. Ich glaube daran, meine Träume leben zu können ____

7. Ich weiß, was ich kann   ____

8. Ich weiß, wer ich bin   ____

9. Mein Leben gestalte ich aktiv   ____

10. Ich bin wundervoll   ____

Doch zum Filmdreh musst Du erscheinen

Genau hier liegt für viele eine große Herausforderung. Deine Prägung erlaubt es Dir nicht, auf die große Bühne zu treten. Die Größe macht Dir Angst. Also erscheinst Du quasi nicht zu einem Filmdreh, obwohl Du die Rolle bekommen hast und spielst lieber die Nebenrolle in anderer Menschen Leben. Nimm dieses Bild mal und stell es Dir genauer vor. Wenn das Bild von der Bühne noch zu einschüchternd auf Dich wirkt, dann setz an dessen Stelle ein großes Ziel, das Du im Leben hast. Stell Dir vor, Du hast jahrelang dafür gekämpft, dieses Ziel zu erreichen. Jetzt hast Du die Gelegenheit, auf die Du immer gewartet hast, Du brauchst nur zuzugreifen. Doch da ist auch diese Angst, Du bist hin und her gerissen. Da ist er, der Traum und Du kannst ihn endlich leben. Doch die Angst ist stärker. Am Ende kneifst Du und lässt die Chance verstreichen. Wie fühlt sich das an? Schließe die Augen, halte inne und geh tiefer rein in diese Vorstellung. Ist das nicht Horror? Du kannst nicht einfach sagen: „Ja, dann eben morgen.", Du hast den Moment verpasst.

Viele von uns tragen diesen Schmerz in sich, da sie insgeheim spüren, dass da draußen noch mehr auf sie wartet. Sie wissen jedoch nicht, was und unser durchgetaktetes Leben sorgt dafür, dass wir uns damit nicht genauer befassen. Viele Menschen laden sich sogar noch mehr auf, nur um diese Stimme in sich erfolgreich verdrängen zu können. Überstunden hier, 5 Hobbies da, Hauptsache nicht abschalten. Für ruhige Minuten auf der Toilette oder Wartezeiten beim Arzt gibt es Smartphones, wir konsumieren Informationen wie Süchtige. Nur das von dieser Sucht keiner spricht.

„Sei still – denn sonst kannst Du Dich nicht hören"
Dieser Satz kam mir letztens, wie die meisten meiner kreativen Ideen, als ich mich mit mir und mit meiner persönlichen Botschaft beschäftigte. Er trägt so viel Wahrheit in sich. Um immer näher zu mir zu finden, was ein tiefgründiger, intensiver und bereichernder Prozess ist, halte ich immer wieder ganz bewusst inne. Mein Handy zum Beispiel ist immer lautlos. So entscheide ich, wann ich drauf schaue – was ich aber trotzdem noch immer viel zu oft getan habe, denn auch ich habe diesen Teil in mir, der mich gerne von meiner Entwicklung ablenken möchte. Diesen Anteil, der lieber faul und fett auf der Couch rumliegen würde den ganzen Tag. Mittlerweile habe ich deshalb ganz bewusst Phasen, in denen ich mein Handy ausschalte oder es ausser Reichweite hinlege, das Internet am Laptop abschalte, wenn ich schreibe. Lass Dich überraschen, was alles an Ideen und Einfällen aus Deinem Hirn sprudelt, wenn Du Dir diese Oasen in Deinem Leben gönnst und nehme diese Kreativität dankend an, auch wenn Du keine Ahnung hast, wo das alles plötzlich herkommt. Das ist ein wundervolles Geschenk.

Du bist ein Wunder
Wenn Du diesen Satz liest, was fühlst Du? Lass uns einmal gemeinsam in dieses Gefühl rein gehen. Schließe gleich die Augen und wiederhole diese Aussage laut, nur eben in der Ich-Form. „Ich bin ein Wunder." Dann halte inne, höre genau hin was in Dir geschieht und schreibe den ersten Impuls und Gedanken auf, der Dir in den Sinn kommt.

„Ich bin ein Wunder."

Wie war diese Übung für Dich? War Dein erster Impuls ein positiver oder kam eher etwas Ablehnendes, Widersprechendes in Dir hoch? Egal was davon, es ist für den Moment gut so, wie es ist. Bewerte nicht, was Du in dem Moment gedacht und gefühlt hast, sondern DAS ES DIR BEWUSST GEWORDEN IST. Das ist der wichtigste Knackpunkt, denn wenn Dir etwas bewusst ist, dann kannst Du es aktiv verändern. Nur, solange es unentdeckt in Deinem Unterbewusstsein abläuft, kann es Dich wirklich hemmen. Schau also, ob Dir gefällt, was Du oben geschrieben hast. Ja? Super. Darf es noch optimistischer, noch kraftvoller, noch größer werden? Dann frage Dich, was Dir fehlt, damit dieses positive Gefühl in Dir ein größeres Volumen einnehmen kann. Denn umso größer wir ein positives Gefühl in uns werden lassen, umso weniger Raum geben wir der Negativität in uns. Es wird immer beides geben, aber Du kannst lenken, in welchem Verhältnis. Hat Dir nicht gefallen, was in Dir hochkam, als Du Dich ein Wunder genannt hast? Dann kannst Du Dir gratulieren, dass Du nun Bescheid weißt und kannst für Dich herausfinden, was Dir fehlt, um Dich als Wunder anerkennen zu können.

Denn das bist Du – ohne jeglichen Zweifel. Dabei ist es unbedeutend ob und an welchen Gott Du glaubst. Selbst naturwissenschaftlich bist Du ein Wunder, denn in Deinem Körper passieren jede Sekunde tausende Miniprozesse im perfekten Einklang miteinander, die Dein Überleben sichern.

Selbstliebe

Das ist ein ganz wichtiger Schlüssel zu Deinem Glück, der selbst ein ganzes Buch wert ist. Nur, wer sich selbst liebt, der wird in seinem Leben das erreichen, was er wirklich möchte. An sich selbst denken wird oft schnell negativ bewertet und als Egoismus abgetan. Doch das Gegenteil ist der Fall, wenn man genauer hinsieht. Wenn auch Du ein Thema damit hast, Dich selbst so anzunehmen und zu lieben, wie Du bist, dann lade ich Dich ein, Selbstliebe mal aus einem anderen Kontext zu betrachten. Wenn Du anderen wirklich etwas Gutes tun willst, dann ist Selbstliebe das größte Geschenk, dass Du ihnen machen kannst. Wieso? Vielleicht hast Du schon einmal den Spruch gehört, dass man mehr Kraft für andere hat, wenn es einem selbst gut geht. Genau darum geht es – und gleichzeitig um noch so viel mehr.

Menschen, die in unser Leben treten, dienen sehr häufig als Spiegel. Eine „Schwäche" an einem anderen triggert und meist besonders, wenn wir diese bei uns selbst ablehnen. Deswegen passiert unbewusst folgendes: Wir bewerten diesen Menschen und unser Fokus liegt auf diesem triggernden Punkt. Wir können nichts anderes sehen an dieser Person und merken nicht, dass das, was wir ablehnen, in Wirklichkeit wir selbst sind. Bei einer flüchtigen Bekanntschaft mag das noch keine starken Auswirkungen haben. Jetzt stell Dir aber vor, Dein Kind, welches Dich ja als Vorbild hat, übernimmt eine Eigenschaft von Dir, die Du an Dir verurteilst. Mein Vater zum Beispiel hat ein Thema damit, emotionale Verletzlichkeit zuzulassen. Diese Ablehnung sich selbst gegenüber führte dazu, dass er es nicht ertragen konnte, wenn meine Mutter oder ich weinten. Natürlich siehst Du niemanden gern traurig den Du liebst, aber das war anders. Er konnte uns nicht trösten, er musste aus der Situation ausbrechen, sich rausnehmen. Als kleines Kind fühlte sich das an, als würde er mich ablehnen mit meiner Schwäche und die Gefahr ist dann groß, dass sich der Prozess wiederholt. Das ich das als Kind übernehme, künftig meine Emotionen verurteile und sich das dann wie ein roter Faden durch die Generationen zieht. Wenn Du Dich selbst liebst und auch Deine vermeintlich nicht so starken Seiten respektieren kannst, dann kannst Du sie auch bei anderen einfach stehen lassen. Ich merke sogar, dass man diese dann oft voller Liebe mit einem verständnisvollen Lächeln bei dem anderen abschwächen kann, denn wenn diese Bewertung nicht kommt, dann muss auch die andere Person sich dafür nicht selbst verurteilen. Man versteht den anderen und im Falle des Beispiels von oben, kannst Du dann Dein Kind einfach in den Arm nehmen, es trösten und es lernt, dass diese Emotionen einen Platz haben dürfen.

Viele Menschen, die im Bezug auf Selbstliebe nicht so stark aufgestellt sind, machen ihr Glück schnell von anderen Menschen abhängig. Kriegen sie Aufmerksamkeit und Liebe von anderen, geht es ihnen gut, doch bekommen sie das nicht, stellen sie sehr schnell alles in Frage. Das belastet Partnerschaften, Freundschaften, Familien, denn man neigt dazu, jedes Wort, jede Handlung auf die Goldwaage legen zu müssen. Denn wenn Du Dich nicht liebst, dann kannst Du insgeheim nicht glauben, dass es jemand anderes kann, denn Du hältst Dich ja selbst für nicht liebenswert. Die andere Person wird immer in der „Beweispflicht" stehen. So habe ich einen Menschen ziehen lassen, der mir alles bedeutete, weil ich nicht mehr die Kraft hatte, dieses ständige Zweifeln an meiner Ehrlichkeit, meiner Liebe und Treue zu ertragen. Denn als Gegenpart kannst Du nicht mit Fakten beweisen, dass Du es ernst meinst. Du kannst Dir den Mund fusselig reden, Du kannst alles tun, was in Deiner Macht steht – wenn diese Selbstzweifel so groß sind, dann wird diese Person Dir keinen Glauben schenken können, denn ihre Überzeugung ist stärker. Irgendwann gehst Du, um Dich selbst zu retten, während die Person vermutlich denken wird: „Ich hatte doch Recht, das war alles nicht ernst gemeint.", wodurch das Selbstbild „Ich bin nicht liebenswert." bestätigt und gefestigt wird. Andererseits lassen sich Menschen mit geringem Selbstwert oft auch sehr schlecht behandeln, einfach aus Angst, diese Person zu verlieren, denn alleine zu sein frisst sie auf. Manchmal ist der Andere selbst auch die Bestätigung. „Ich bin was wert, denn ich habe eine Beziehung." So leiden viele in durch Abhängigkeit geprägten Beziehungen, statt sich in respektvollen Partnerschaften gegenseitig zu bereichern.

Ein Schritt in die richtige Richtung ist zu lernen, sich abzugrenzen und auch mal Nein zu sagen, denn damit beginnst Du, Dich zu hören und Deine Bedürfnisse zu achten. Oft haben wir Angst, dass ein Nein den anderen verletzt oder jemand beleidigt ist oder ähnliches. Doch wenn Du etwas nicht magst und trotzdem Ja sagst, dann verleugnest Du Deine eigenen Bedürfnisse und tust etwas aus einem „Zwang" heraus. Viele Menschen fühlen sich als deshalb ausgenutzt, doch wenn Du ehrlich zu Dir selbst bist, dann weißt Du als „Ja-Sager", dass Dich andere nur soweit ausnutzen können, wie Du es zulässt. Ein Nein zu jemand anderem ist in dem Fall ein Ja zu Dir, zu Deinen Bedürfnissen, Deinen Werten, Deinen Grenzen. Respektierst Du Dich, werden es auch andere tun. Doch tust Du es selbst nicht, wie kannst Du es von anderen erwarten?

Vergebung
Das nachstehende Zitat begleitet mich seit Jahren, selten hat ein Satz mit mir so viel gemacht wie dieser.

> **„An Zorn festzuhalten, ist wie Gift zu trinken und zu erwarten, dass der Andere stirbt."**
> **Buddha**

Wie oft halten wir an Zorn fest, fühlen uns damit auch absolut im Recht und vergessen eines – wir schaden nur uns selbst damit. Oder glaubst Du, wenn Du nachtragend bist, dass das dann wie Voodoo auf die andere Person einwirkt? Nein, der andere kriegt von Deinem Frust nichts ab. Aber Du. Denn Du verharrst in diesen negativen Emotionen, statt den Blick nach vorn zu richten. Ist das nicht Mist? Deshalb tust Du vor allem Dir einen großen Gefallen, wenn Du Dich in Vergebung übst, denn nur so kannst Du den Groll loslassen statt Dich weiter innerlich zu vergiften. Das Auflösen von Streitigkeiten sorgt ausserdem dafür, dass wir uns für neue Chancen öffnen und alte Beziehungen nicht gleich wegwerfen, oder diese Auseinandersetzung weiterhin das Verhältnis belastet. Auch das ist oft ein Problem zwischen zwei Menschen, wenn alte Meinungsverschiedenheiten nicht vollständig aus der Welt geräumt wurden.

Und wenn wir vom Verzeihen reden, wie steht es denn darum, bei Dir selbst anzufangen? Gibt es da nicht Dinge aus der Vergangenheit, die Du Dir noch vorwirfst und einfach nicht verzeihen kannst? Nimm Dir etwas Zeit und prüfe, welche Gefühle und Gedanken, welche Situationen Deines Lebens in Dir hochkommen. Halte sie hier fest, damit Du sie verzeihen kannst, sobald Du bereit bist den Ballast abzuwerfen – umso eher, umso besser.

Potenzial, das in Dir steckt

Bist Du Dir Deiner Potenziale bewusst? Also weißt Du, was Du alles kannst? Aus eigener Erfahrung kann ich Dir sagen, dass ich mich hier lange an Schulnoten orientiert habe. Ich war zum Beispiel nie gut in Grammatik. Scheinbar habe ich ein sehr gutes Gefühl für Sprache, aber frag mich bitte auf gar keinen Fall nach einer grammatikalischen Regel. Da Grammatik in der Schule bei den Fremdsprachen allerdings oft im Vordergrund steht, kann ich nicht sagen, dass ich nach dem Abitur davon überzeugt war, dass ich sonderlich sprachbegabt sei, obwohl ich mit 14 bereits erste Zeitungsartikel geschrieben hatte. Zurückblickend scheint diese Meinung ziemlich unverständlich zu sein, aber vielleicht weißt auch Du, wie sich das in der Schule anfühlt. Mittlerweile spreche ich Englisch und Spanisch fließend, kann sogar mitten im Satz von einer Sprache in die andere wechseln und lebe in Mexiko. Was ich damit sagen möchte ist, dass Du nicht auf andere hören sollst, wenn es darum geht zu beurteilen, was Du wirklich kannst oder nicht. Besonders ist es aber so, dass Motivation Talent schlägt. Vermutlich würde ich mich in Französisch mein Leben lang schwer tun, denn ich sehe, zumindest bisher, keinen persönlichen Nutzen darin, diese Sprache zu beherrschen. Wenn Du etwas wirklich willst, dann wird Dich überraschen, was Du auf dem Weg zu Deinem Ziel alles lernen kannst. Traue Dich einfach, loszulaufen und nach dem Leben zu greifen, das Du Dir wünschst und Du wirst entdecken, was alles in Dir steckt.

Kapitel 3:
Den Oscar gewinnt ein Film nur mit starken Persönlichkeiten

Was ich Dir damit sagen will? Wenn Du willst, dass Dein Leben ein besonderes wird, dann sei ganz Du. Keiner kann lange auf hohem Niveau die falsche Rolle spielen. Also verzichte einfach darauf, Dich zu verstecken. Nimm an, wer Du bist und fang an, Dein Leben zu gestalten. Auf dem Weg zurück zu Dir, zurück in Deine Größe, wirst Du merken, dass es Hürden zu nehmen gibt, wie immer im Leben. Doch zeitgleich wird Dir auffallen, dass sich alles immer passender zusammenfügt. Es wird nicht einfach alles easy, aber das Leben spielt für Dich, wenn Du endlich anfängst es auch zu tun. Gut oder gut? Was mir seit Jahren extrem hilft, ist das Gesetz der Anziehung. Wenn man das erste Mal davon hört, mag es ein wenig spirituell klingen, doch ich lade Dich wirklich ein, es mal drauf ankommen zu lassen.

Das Gesetz der Anziehung

Bei dem Gesetz der Anziehung, oft mit GdA abgekürzt, geht es darum, dass wir uns bestimmte Dinge in unser Leben ziehen. Nicht zwingend, was wir wollen, sondern oft auch genau das, was wir nicht möchten. Genau genommen ziehen wir das an, worauf wir uns fokussieren. Wenn ich also denke: „Schon wieder rote Welle – warum geschieht das immer mir?", dann habe ich hohe Chancen, dass die Ampeln immer bei mir rot sind. Das ist meine Erwartungshaltung und das Universum erfüllt mir diese Erwartung. „Dein Wunsch sei mir Befehl." Diese Gesetzmäßigkeit gilt immer. Wenn wir also denken, uns geschehen im Leben immer nur negative Dinge, dann kann es sein, dass wir uns deshalb im

Kreis drehen. Selbst, wenn Du das für Dich aktuell noch nicht akzeptieren kannst, dann sieh es einfach von der ganz rationalen Seite. Als Du das letzte Mal im Straßenverkehr unterwegs warst, wie viele rote Autos hast Du gesehen? Du weißt es nicht? Stimmt, denn Du hast Dich nicht auf rote Autos konzentriert, sondern nur auf Deinen Weg. Wenn ich Dich aber jetzt bitte, das nächste Mal auf rote Autos zu achten, dann würdest Du jedes rote Auto bewusst wahrnehmen, nicht wahr? Die Realität da draußen ist so komplex, dass in unserem Gehirn komplexe Trichter daran arbeiten, nur die für uns relevanten Informationen in unser Bewusstsein durchsickern zu lassen. Die Straßenführung, die Ampeln, die Autos, die direkt Einfluss auf uns nehmen, all das nehmen wir wahr, den Rest blenden wir als unwichtig aus. Eine Meisterleistung des Gehirns, denn mit der ganzen Flut wären wir maßlos überfordert. Erst, wenn Du den Fokus auf „Autos rot" stellst, werden sie ins Bewusstsein durchdringen. Genial. Und genau so funktioniert es hiermit. Selbst, wen Du mal eine „grüne Welle" hast, wenn Dein Glaubenssatz ist „Immer bei mir sind die Ampeln rot", dann wird Dir gar nicht auffallen, wenn Du auch mal ganz flüssig durchkommst. Aber sobald eine Ampel auf rot schaltet, wird es Dir bewusst, denn so ist Dein Filter ausgerichtet. Und Du denkst sofort: „Siehst Du, schon wieder." Mit etwas Übung können wir uns immer mehr auf die Dinge fokussieren, die wir wirklich haben möchten im Leben und so aktiv mitgestalten. Im weiteren Verlauf dieses Kapitels nehme ich Dich mit in verschiedene Bereiche des Lebens, damit wir uns anschauen, welche Gestaltungsmöglichkeiten wir so haben. Diese Einleitung möchte ich mit den Worten einer meiner Mentoren beenden, der zum Thema GdA immer folgendes sagt:

**„Das Leben gibt Dir nicht das, was Du Dir wünschst,
sondern das, was Du brauchst."**
Lorenzo Scibetta

Du selbst – Freund oder Feind?

Wie bist Du zu Dir selbst? Magst Du Dich? Also so richtig? Viele Menschen tappen hier in die Falle, sehr streng und unnachgiebig mit sich selbst ins Gericht zu gehen. Unbewusst machen wir uns so das Leben schwer, denn Dein Fokus ist auf Deine Schwächen ausgerichtet und rate mal, was sich verstärkt zeigen wird? Herzlichen Glückwunsch für diese Erkenntnis. Wir alle haben Seiten an uns, die wir nicht so gernhaben. Doch statt sie abzulehnen, was sie auch nicht verschwinden lässt, lerne, sie anzunehmen und anzuerkennen. Ja, ich bin manchmal faul, ja, ich bin manchmal zu spät. Geht davon die Welt unter? Nein. Statt mich also jedes Mal zu verurteilen, wenn ich faul bin, akzeptiere ich diese Seite an mir und lustigerweise fällt es mir seitdem viel leichter, das zu steuern. Ich gebe Gas, gönne mir aber auch immer wieder Auszeiten, an denen ich einfach okay damit bin, faul zu sein. Manchmal merke ich dann sogar, dass ich das dann gar nicht brauche. Das ist wie bei einem Kind, dem Du etwas verbieten magst. Solange faul sein verboten ist, rebelliert dieser Teil in mir, der faul sein möchte. Wenn ich es aber zulasse, dann scheint es an Attraktivität zu verlieren. Wenn ich mit Menschen arbeite, die sich von ihrem Partner schlecht behandeln lassen, aber den Absprung nicht schaffe.

Liebe – Beziehung oder Partnerschaft?

Im Wort Beziehung steckt das Wort ziehen mit drin und tatsächlich ist das in vielen Beziehungen so, dass die Menschen den anderen verändern möchten, statt das man sich gegenseitig bereichert. Viel zu oft geht es darum, wer Recht hat, wer mehr für den anderen tut, statt dass man sich auf Augenhöhe begegnet und so wie an sich selbst auch am Anderen die Schwächen einfach annehmen und lieben kann. Sie machen Deinen Partner genauso aus wie die Dinge, wegen derer Du Dich in ihn verliebt hast. Lerne also auch hier, die

Dinge, die Dich stören anzunehmen und vor allem, sie nicht ständig in den Mittelpunkt zu rücken. Vielleicht kennst Du das? Da gibt es ein Thema, welches immer wieder aufkommt? Wenn Du willst, dass Dein Partner mit etwas aufhört, dann versuch es nun mal damit, diesen Punkt nicht zu kritisieren, sondern lobe Dein Gegenüber für etwas anderes. Wichtig dabei ist, dass es wirklich ein ehrliches Lob ist. Also suche Dir was, das Du gut findest und stelle ab sofort die positiven Punkte in den Mittelpunkt. Da wir Menschen Anerkennung lieben, wird genau das dazu führen, dass Du mehr von dem erleben wirst, was Du lobst. Lob und Anerkennung sind in der heutigen Zeit so selten geworden, die Menschen sind wirklich durstig danach und genau hier hast Du die Chance, das zu einer Win Win Situation zu machen. Richte den Fokus vom Negativen auf das Positive und wenn Du immer lobst, werden einige der Störfaktoren ganz von alleine weniger. Vielleicht erinnerst Du Dich an Deine Jugend, wenn Deine Eltern zum Beispiel immer wollten, dass Du Dein Zimmer aufräumst – sie waren doch sowieso nie zufrieden, wieso also anstrengen? Genau so schaltet Dein Partner ab, wenn Du immer und immer wieder mit der gleichen Kritik kommst. Er stumpft ab und reagiert nicht mehr. Daher mache es euch beiden schön und versuche nicht, den anderen zu verändern – unterstütze ihn aber, wenn er es von sich aus möchte. Übrigens: Wenn Du dieses Verhalten änderst, dann wird das auch darauf abfärben, wie er bei Dir mit Lob und Kritik umgeht.

Kinder – Wegbereiter oder Flügelstutzer?
Eltern prägen ihre Kinder natürlich ganz stark und das ist eine große Verantwortung und eine ganz große Chance zugleich. Denn Du kannst Deinen Kindern die Dinge vermitteln, die sie brauchen, um sich in der Welt zurecht zu finden und glücklich zu werden. Oft läuft bei uns ein Programm ab, entweder wir erziehen wie unsere Eltern uns erzogen haben, oder genau anders herum. Ich bin leider

noch keine Mutter, aber ich habe sehr viele Kinder betreut, unter anderem bei Veranstaltungen an der Kletterwand und dort zeigt sich der Charakter eines Menschen und seine Prägung immer sehr deutlich, denn es geht beim Klettern vor allem darum, den eigenen Kopf zu besiegen. Es gibt Kinder, deren Eltern wie Wegbereiter zu fungieren scheinen, während andere ihren Kindern die Flügel stutzen. Dafür kann es unterschiedlichste Gründe geben. Manchmal waren die eigenen Eltern einfach auch so und haben ihre Kinder überbehütet, oder es gibt eine allgemeine Verlustangst, sodass das Loslassen vom Kind schwerfällt. Umso mehr Du Deinen Kindern beibringst, umso mehr kannst Du ihnen vertrauen, dass sie das schaffen, was sie ausprobieren. Kinder können sich oft sehr gut einschätzen und natürlich gibt es Stürze und so weiter, aber in den seltensten Fällen geschieht etwas schlimmes. So oft wir bei Großveranstaltungen Kühlpads, beruhigende Worte und Schokolade zum Trösten brauchten, einen Krankenwagen haben wir in der Zeit nie rufen brauchen. Fakt ist, Du kannst Dein Kind auch nicht immer beschützen und umso besser dann seine Fähigkeiten ausgeprägt sind, umso geringer ist die Gefahr, dass ihm was passiert. Meine Mutter und ich waren immer draußen zusammen, ich durfte in Pfützen springen, klettern, sammeln, anfassen. Dadurch habe ich eine gute Koordination, habe gelernt, Situationen besser einzuschätzen, wir haben viele wichtige Synapsen in meinem Kopf entstehen lassen zu dem Thema. Ich durfte einfach Kind sein. Ein Ereignis hat mich besonders geprägt in all diesen Jahren. Ein Junge von vielleicht 6-8 Jahren wurde von seiner Oma zu einem Kindergeburtstag bei uns gebracht und wir hatten ein riesiges Trampolin mit Bungeeseilen an den Seiten, sodass die Kids wilde Dinge wie Saltos mit Unterstützung springen konnten. Selbst die vorsichtigeren Kinder sprangen im Normalfall irgendwann total ausgelassen, weil wir sie überzeugen konnten, dass die Seile und wir jederzeit für Sicherheit sorgten und man merkte bei vielen, wie sie aufblühten, wenn sie sich dann getraut hatten. Eine tolle Arbeit, denn das mitzuerleben war für mich immer ein ganz besonderes Geschenk. Zurück zu diesem Jungen. Er war noch gar nicht richtig in der Halle, sieht das Trampolin und sagt: „Das mach ich nicht, da breche ich mir das Genick." Ich war perplex. Ich konnte im ersten Moment gar nicht reagieren. Hatte dieser kleine Knirps das gerade wirklich gesagt? Eindeutiger kann ich Dir wohl kaum erklären, was ich mit Flügelstutzer meine, denn wir sind uns wohl einig, dass diese Aussage nicht ohne zutun seiner erwachsenen Bezugspersonen entstanden war. Er war an dem Tag das einzige Kind, das überhaupt nicht sprang. Meine Kollegen und ich hatten keine Chance zu ihm durch zu dringen. In seinen jungen Jahren war er schon so voller Angst etwas zu riskieren, seine kindliche Neugier, die uns die anderen immer kriegen ließ, war abgestumpft und überlagert durch Ängste und falsche Überzeugungen. Ja, Du kannst Deinem Kind sagen, es muss vorsichtig sein, aber wenn ein Kind immer nur hört: „Nein mach das nicht, das kannst Du nicht." „Komm da runter.", dann wird es dieses Kind im Leben schwer haben, sich etwas zuzutrauen. Reiche Deine Hand, sodass ihr es gemeinsam tun könnt, bis es auch alleine funktioniert, mach einfach mit. Lass Dein inneres Kind auf Dein Kind los, nicht die überbesorgte Mutter oder den ängstlichen Vater. Ich sehe heute auf der Straße immer wieder Eltern, da darf das Kind nur bei Fuß laufen wie ein Hund. Ja, wenn da Autos fahren, dann muss das mal sein und dann gibt es auch keine Kompromisse, aber schau, dass Du eben auch Wege gehst, auf denen die Kids einfach springen können, damit sie Spaß haben, sich austoben und vor allem entdecken und lernen können. Gib Deinen Kindern Selbstbewusstsein, Selbstliebe und Stärke mit auf den Weg. Aber zeige auch Grenzen auf. Diese helfen den Kindern ungemein sich zu orientieren. Wenn Du Deinen Kindern zeigst, was das Leben alles schönes für sie bereit halten kann und diesen Glauben daran fest in ihnen verankern kannst, dann machst Du ihnen ein wundervolles Geschenk.

Freunde – Jammerolympiade oder Heldenliga?
Kennst Du diese Wettbewerbe? Jemand erzählt eine Geschichte, was
er Schlimmes erlebt hat und jeder, der danach zu Wort kommt,
muss noch einen drauf setzen. Ist das nicht fürchterlich? Es gibt
diese eine Erkenntnis, dass man der Durchschnitt der 5 Personen
ist, mit denen man die meiste Zeit verbringt. Natürlich trifft das
häufig besonders Arbeitskollegen und Familie, aber auch oder
besonders bei Deinen Freundschaften sollte Dir das wichtig sein,
denn sie sind ja bekanntlich die Familie, die man sich aussucht.
Schau mal genau hin, aus welchen Menschen Dein Freundeskreis
besteht. Gibt es diese Jammerolympiaden bei euch auch ständig
oder hast Du Freunde, die positiv aufs Leben schauen und das, was
ihnen nicht passt, einfach ändern oder manchmal auch einfach
annehmen können, dass nicht immer alles optimal läuft. Ich meine
hier nicht, dass man sich nicht auch einmal ausheulen darf, das ist
völlig in Ordnung, denn jeder hat mal einen Moment, in dem er das
einfach braucht und es ist wichtig, für diese Gefühle ein Ventil zu
haben, es raus zu lassen, statt es in sich hinein zu fressen. Doch es
gibt eben diese notorischen Jammerer, die selbst dann, wenn Du
ihnen eine Lösung zeigen würdest sagen: „Ach, das klappt sowieso
nicht." Menschen, die gar nicht aus der Misere aussteigen wollen,
weil es für sie so gut läuft damit. Sie bekommen Aufmerksamkeit,
Mitleid, vielleicht sogar das ein oder andere „gratis", weil man
ihnen helfen möchte.

> **„Halte Dich von negativen Menschen fern.**
> **Sie haben ein Problem für jede Lösung."**
> **Albert Einstein**

Konzentriere Dich auf die Menschen, die für jede Herausforderung
eine Lösung suchen und diese dann auch aktiv angehen. Mit
diesen Menschen kannst Du gemeinsam wachsen und ihr werdet
merken, der gemeinsame Weg, der schweißt zusammen und lässt
euch jede Tiefe gemeinsam durchstehen. Wie Du von den

negativen Menschen los kommst? Höre auf, den Kontakt zu suchen. Wenn Du wieder auf eine Jammerolympiade stößt, geh aus dem Gespräch raus und wenn das nicht geht, dann sag zumindest nichts. Wenn Du dann von diesen Menschen irgendwann hörst, dass Du Dich verändert hättest, dann hast Du gewonnen, denn sie zählen Dich nicht mehr zu sich. Oft stößt uns diese Aussage ungemein auf, denn wir wollen nun einmal dazugehören, wir sind Rudeltiere. Aber ein Löwe passt nunmal nicht in ein Schafsrudel. Wenn Du wieder Du bist, dann wirst Du ganz automatisch Dein Rudel finden, denn ihr habt dann die gleichen Energien, die ihr ausstrahlt.

Beruf – Job oder Berufung?

Arbeitest Du in einem Job, der Dir ermöglicht, Deine Rechnungen zu bezahlen oder lebst Du Deine Passion? Du hast Dich das noch nie gefragt? Die Antwort darauf ist eigentlich ganz einfach. Wenn Du nur von Wochenende zu Wochenende fieberst, dann hast Du einen Job. Wenn Du jeden Morgen dankbar aufwachst und Dich freust auf Deinen Arbeitstag, dann bist Du ziemlich sicher an der richtigen Stelle. Es kann noch sein, dass Luft nach oben ist, das ist ja schließlich immer so, aber wenn Du wirklich für das brennst, was Du tust, dann bist Du eine Person von wenigen. Wenn Du dort noch nicht angekommen bist, dann wird dieses Buch Dir ein Wegweiser sein können, denn erst, wenn Du wirklich weißt, wer Du bist und was Dich ausmacht, wirst Du auch im Beruflichen das Passende für Dich finden können. Mach Dir bewusst, wie viel Zeit Du mit Arbeit verbringst. Ist es das da nicht wert, bist Du es Dir da nicht wert, da nicht einfach irgendwas durchzuziehen, sondern wirklich das zu finden, was Dich auch erfüllt? Nicht vergessen sollte man hier auch das Thema Altersabsicherung. Wie wird es Dir mit dem, was Du aktuell tust, im Alter gehen? Viele Menschen verschließen vor diesem Thema so lange es geht die Augen, doch das Erwachen wird dann bloß schmerzhafter, denn umso später Du Dich mit diesem

Thema befasst, desto weniger Zeit hast Du, um gegenzulenken. Egal an welchem Punkt in Deinem Leben Du stehst, vielleicht lohnt es sich, hier mal genauer hinzusehen.

Geld – Mangel oder Überfluss?
Wie ist Dein Mindset, wenn es um das Thema Geld geht? Hast Du immer genug davon oder fehlt immer? Interessant ist hier auch, mal rein zu spüren, welche Überzeugungen Du über Geld und reiche Menschen mit Dir rumträgst. „Geld verdirbt den Charakter." „Reiche Menschen verdienen ihr Geld auf Kosten anderer." In den letzten Jahren habe ich viele Menschen getroffen, die wirklich Geld haben, also keine gehobene Mittelklasse, sondern wirklich Millionäre und ich kann euch sagen, dass sich mein Bild von wohlhabenden Menschen so sehr verändert hat. Die, die wirklich stabil ganz oben stehen, setzen auf Loyalität, sind super darin, Menschen aufzubauen und tun so viel Gutes auf der Welt. Das hat mir geholfen, nach und nach negative Glaubenssätze aufzulösen. Der hartnäckigste dieser Sätze, die mich darin limitiert hat, endlich auch im Überfluss zu leben, war und ist der, dass ich es nicht wert bin, viel Geld zu verdienen. Seit einem halben Jahr arbeite ich mit Ernst Crameri, der mir die Ehre erwiesen hat, das Vorwort zu diesem Buch zu schreiben. Wenn Du mit Ernst arbeitest, dann schläfst, speist und arbeitest Du in 5 Sterne Hotels. Welches Geschenk für mich. Denn endlich kam ich aus dem Mangeldenken in den Genuss, am Überfluss zu schnuppern. Und dann geschieht etwas, was schwer zu verstehen ist, bis man es erlebt hat und sich mal wirklich bewusst darüber Gedanken macht. Erst, wenn in Deinem Kopf dieses Gefühl von Mangel weg ist, dann wirst Du Überfluss anziehen. Wie mache ich das also, wenn ich vermeintlich nichts habe? Zuerst fing ich an, mir bewusst zu machen, was ich alles habe. Denn jeder von uns hat mehr, als es ihm bewusst ist. Ein Leben, ein Dach über dem Kopf, Gesundheit. Umso bewusster wir uns dieser Dinge werden, umso weniger stark empfinden wir

dieses Mangeldenken und umso mehr lädst Du das Leben dazu ein, Dir mehr zu geben. Geld ist eins der Hauptstreitthemen zwischen Partnern und auch ein Thema, das viele Menschen tagtäglich belastet. Schon wenn eine Waschmaschine in einer Lebensgemeinschaft kaputt geht, müssen viele entscheiden, worauf sie für die nächsten Wochen oder Monate verzichten, um sich eine neue Maschine leisten zu können. Ich finde das sehr traurig. Das, was ich auf meinem Weg aus diesem finanziellen Mangel am lehrreichsten finde, das war tatsächlich, wie unser Konsumverhalten sich verändert, wenn wir mehr Geld verdienen. Als ich wenig Geld hatte, gab es eine endlose Liste von Dingen, die ich unbedingt haben wollte. Als ich dann in der Gastronomie jeden Tag 50-100 € Trinkgeld mit nach Hause nahm, bemerkte ich den 1. Entwicklungsschritt. Die ersten Tage, vielleicht 2 Wochen, gab ich das Geld aus und kaufte mir Dinge von der Liste. Ich war auch noch voll im Egodenken, in der eigenen Wunschbefriedigung. Doch schon nach diesem kurzen Zeitraum, brauchte ich die Dinge nicht zwingend sofort kaufen, denn ich wusste, ich könnte sie mir jederzeit kaufen, wenn ich das wollte. Ich hatte das Geld und schwups, hatte ich nicht mehr den Bedarf, es auszugeben. Statt viele billige Dinge, fing ich an mir Dinge zu kaufen, die mir wirklich etwas bedeuteten und die vor allem von guter Qualität waren. Außerdem genoss ich es, geben zu können, der Egotrip war vorbei. Als sich mein Mindset weiter veränderte, merkte ich, dass ein Punkt, den ich über meinen ganzen Weg immer hatte, sich veränderte. Ich hatte jahrelang fast mein ganzes Geld in Persönlichkeitsentwicklung gesteckt, weil ich dachte ich brauche das, was sicher auch wahr gewesen war einen gewissen Zeitraum. Nun investierte ich in mich nicht mehr aus der Motivation heraus, es zu brauchen, sondern nur, weil ich wusste, ich konnte es mir leisten und ich wollte länger vorankommen. Des Weiteren fing ich mit kleinen Beträgen an, mein Geld so anzulegen, dass es für mich arbeitet, um mich genau an dieses Phänomen zu gewöhnen und auch zu lernen, was im Bezug darauf funktioniert und was nicht.

Warum die Reichen immer reicher werden liegt tatsächlich daran, dass sie andere Dinge mit ihrem Geld tun, als arme Menschen. Einfach lässt sich das erklären, wenn man die Bedürfnispyramide von Maslow betrachtet. Ganz unten stehen Grundbedürfnisse, die das Überleben sichern. Solange das nicht gegeben ist, denkt man nicht daran, ob man einen BMW oder einen Opel kaufen wird. Danach wünscht man sich Schutz, Geborgenheit, aber auch Geld. Das nennt Maslow die Sicherheitsbedürfnisse. Erst wenn das wiederrum gegeben ist, dann strebt der Mensch danach, seine sozialen Bedürfnisse zu befriedigen. Wertschätzungsbedürfnisse folgen und die 5. und letzte Stufe der Pyramide bildet die Selbstverwirklichung. Je nachdem, auf welcher Stufe man sich befindet, trifft man natürlich unterschiedliche Entscheidungen, auch im finanziellen Bereich. Ein Mensch, der kaum sein Essen bezahlen kann, der denkt selten daran, Geld anzulegen, dabei könnte es ihm früher oder später genau aus seiner Situation rausholen, denn ein gutes Mindset in Bezug auf Geld sorgt dafür, dass es sich wie alleine vermehrt. Deshalb gibt es Reiche, die immer mehr bekommen. Sie setzen ihr Geld und ihre mentale Einstellung einfach gezielt dafür ein.

Gesundheit – Krankenkasse oder Eigenverantwortung?
Die Zeit im Fitnessstudio war sehr lehrreich dafür zu verstehen, wie Menschen zu ihrer Gesundheit stehen. Natürlich zahlen wir einen hohen Betrag an die Krankenkasse und können dann auch erwarten, gewisse Leistungen zu bekommen. Doch leider gibt es viele Menschen, die nur das für ihre Gesundheit tun, was bezahlt oder zumindest bezuschusst wird. Ist es Deine Gesundheit oder die Deiner Krankenkasse? Wirfst Du Dein Leben über Bord, nur damit Du im Alter richtig viel Geld aus der Krankenversicherung ziehen kannst, weil sie Dir jetzt etwas nicht zahlen wollen? Ich bitte Dich. Der, den Du damit bestrafst, das bist Du. Der beste Weg ist wohl, es gar nicht erst soweit kommen zu lassen und präventiv einfach

ein gesundes Leben zu führen. Eine Garantie gibt es nicht, aber die Risiken kannst Du trotzdem nachweislich senken. Ausreichend Bewegung, frische Luft, gesunde, ausgewogene Ernährung, keine Drogen. Bei der Ernährung schaust Du noch, ob Du Lebensmittel konsumierst oder nur Füllstoffe, die nichts beinhalten, was Deinem Körper etwas gibt. Vielen Menschen ist noch immer nicht bewusst, wie viel man da steuern kann, wenn man sich für seine Gesundheit verantwortlich fühlt. Achte auf Deinen Körper und gehe Symptomen nach, denn sie sind Hilferufe für etwas. Wenn man ihnen gleich nachgeht, passiert oft nichts schlimmes und man kann ernste Erkrankungen so meist abwenden. Wenn Du aber über Monate oder gar Jahre hinweg Symptome nur durch Spritzen oder Tabletten unterdrückst, damit Du auch ja keinen Tag auf der Arbeit fehlst, dann wunder Dich nicht, wenn der Zaunpfahl, mit dem Dein Organismus Dich auf etwas aufmerksam machen will, irgendwann volle Kanne zuschlägt. Das ist der Punkt, an dem der Körper sagt: „Sorry, aber wer nicht hören will, der muss fühlen." Sei es Dir wert, dass Deine Gesundheit an erster Stelle steht, denn wenn Körper oder Geist erstmal Schaden genommen haben, dann wird Dir Dein Chef nicht Deinen Arsch abwischen, Deine Kunden werden nicht Deine Rechnungen begleichen, wenn Du Deine Leistung nicht mehr erbringen kannst und für Deine Liebsten bist Du mit keinem Geld der Welt zu ersetzen.

Kapitel 4:
Mein Weg zurück
auf die große Bühne

Zum Hollywoodstar geboren

Wie wir alle, davon bin ich überzeugt, wurde ich als echtes Unikat geboren. Die ersten Jahre hinweg habe ich mich in meiner Einzigartigkeit auch wirklich gut behaupten können, da war mein Dickkopf sicher eine gute Hilfe. Das Leben war für mich in dieser Zeit ein echter Selbstläufer. In allem, was ich tat, war ich überdurchschnittlich gut. Ab der 3. Klasse half ich zum Beispiel nach einem Vorschlag meiner Klassenlehrerin einem Mitschüler mit Legasthenie, seine Diktate zu verbessern. Beim Fußball war ein typischer Spruch der Jungs, dass ich nicht so gut sei wie sie, aber dass ich besser sei als der schlechteste Spieler im Team, was für Jungs in der Grundschule wohl viel Anerkennung ist. So ging es weiter. 1,1 Notenschnitt ohne große Probleme, in der Mittelstufe fand ich schnell Anschluss, ebenso wie im neuen Verein, als ich in eine Mädchenmannschaft wechseln musste. Natürlich gab es auch schmerzhafte Dinge, wie die Trennung meiner Eltern, aber das war alles nichts, was mich aus der Bahn werfen konnte. Ich war damals sogar froh, als sie mir davon erzählten, denn dass es nicht mehr lief, das war schon lange nicht mehr zu verleugnen. Einerseits hätte es für mich gut und gerne so weiterlaufen können, andererseits hat das Leben mich so natürlich nicht wirklich auf die großen Herausforderungen im Leben vorbereitet.

Mein Absturz

Jetzt kommt der unangenehme Teil der Geschichte, der aber trotz allem einfach dazu gehört und ohne den ich nicht die Person wäre, die ich heute bin.

<u>Triggerwarnung:</u>

für diejenigen, die sexuellem Missbrauch oder Vergewaltigung erfahren mussten und eventuell getriggert werden könnten. Nur in diesem Unterkapitel gehe ich detailliert auf meine Vergangenheit ein, wenn das also nichts für Dich ist, ließ einfach bei der nächsten Überschrift weiter.

Während ich mitten in der Pubertät steckte, sehnte ich mich nach der Aufmerksamkeit von Jungs, vermutlich bin ich damit wohl nicht allein. In diesem Chaos der Hormone vertraute ich einen Abend dem falschen Mann. Wir kannten uns einige Wochen, ich war damals 16 und er 20, ich war aber schon ziemlich weit für mein Alter und war auch recht früh in der ganzen Entwicklung zur Frau, unreine Haut und meine Regel hatte ich ungefähr 2 Jahre vor meinen Klassenkameradinnen. Der Altersunterschied war also nicht wirklich in der Reife zu spüren, oft sind Mädels in dem Alter ja deutlich weiter. Er lud mich an diesem Abend zu sich nach Hause ein und da war ich eben doch noch nicht so weit zu verstehen, dass er damit wohl auf etwas Spezielles hinaus wollte. Ich war allerdings voll verliebt und wollte mich nicht so schnell hingeben, da mein Bild der Welt damals war, dass man dann als leicht zu haben abgestempelt und fallen gelassen wird. Ich wollte ihm nahe sein, ihn küssen. Es aber nicht zum Äußersten kommen lassen. Da waren wir uns leider nicht ganz einig und er ignorierte meine Neins. Er wohnte über einer Firma, mitten in einem Industriegebiet, um die Uhrzeit weit und breit keine Menschenseele, schreien brachte also nicht viel. Anfangs versuchte ich mich noch dagegen zu wehren, doch irgendwann schaltete die Angst ein. Ich spürte, dass er mehr Kraft hatte und plötzlich schossen mir Gedanken in den Kopf, die ich wirklich keinem wünsche, denn ich fragte mich, ob er mich wohl am Leben lassen würde, oder ob es das gewesen sei. Vielleicht würde er seine Spuren verwischen, um seiner Strafe zu entgehen. Ich entschied instinktiv, es über mich ergehen zu lassen, da ich insgeheim hoffte, dass das meine Überlebenschancen erhöhen würde. Nunja, als er fertig war, ließ er von mir ab und es schien, als würde ihn mein Schluchzen aus einem tranceartigen Zustand zurückholen. Er selbst hatte scheinbar gar nicht bewusst die Tat begangen, das machte es nur für mich nicht besser. Der einzige Vorteil war, dass ich danach von ihm in Ruhe gelassen wurde und ich agierte vermutlich so, wie man es unter Schock tut. Ich traute mich nicht, ihm eine Szene zu machen oder ihn zu bedrohen, zu beschimpfen. Ich verhielt mich komplett passiv, drückte mich die ganze Nacht in seiner Wohnung rum und als endlich der nächste Morgen kam, ging ich in die Schule, tat so als sei nichts gewesen. Da merkte wohl jeder, dass ich nicht meinen besten Tag erwischt hatten, aber da ich selbst noch gar nicht realisiert hatte, was da wirklich geschehen war, kam ich gut klar damit, die Haltung zu bewahren. Marisa 2.0 war geboren, die Frau mit der Maske.

Statistendasein

Stand ich vorher gern im Mittelpunkt und übernahm Verantwortung, so zog ich mich jetzt aus all diesen Bereichen zurück, in denen ich Aufmerksamkeit auf mich gezogen hätte, denn ich wollte nicht, dass jemandem auffiel, wie es in mir drinnen aussah. Ich redete mit niemandem darüber, denn ich wollte nicht, dass mein Umfeld in mir nicht mehr mich, sondern nur noch „das Opfer" sahen. Ich machte einfach alles wie immer, zog mich nur ein wenig zurück aus allem und war passiver. Genug, um meinen Schmerz erfolgreich zu verstecken und doch nicht so stark, als das jemand sich ernsthaft Sorgen gemacht hätte. Die Pubertät war zudem das perfekte Alibi, denn wir befanden uns hormonell alle im Umbruch, wodurch sich einfach vieles an uns veränderte. Doch während ich mich so sehr bemühte, einfach weiter zu machen wie zuvor und nicht als Opfer gesehen zu werden, gab es eine Person, bei der mir das nicht gelang. Ich selbst nämlich fing an, mich für alles was ich tat oder nicht tat mit diesem Ereignis zu rechtfertigen. Während ich früher ein Ziel setzte, es anvisierte und nicht aufhörte, bis ich es erreicht hatte, gab es jetzt jederzeit die Möglichkeit zu sagen: „Ach Marisa, das ist schon okay, wenn Du das nicht machst, Dir ist ja so etwas schlimmes passiert." Du denkst jetzt vielleicht, dass ich etwas hart zu mir bin, dass ich das im Nachhinein so kritisiere? Nun, die Tatsache ist, wenn das nur ab und an geschehen wäre, an den wirklich schlimmen Tagen, dann wäre das gar nicht so zum Tragen gekommen. Aber leider wurde diese Opfermentalität zur Gewohnheit. Solange ich die Tat einfach nur ignorierte, statt sie aufzuarbeiten, fiel mir auch gar nicht auf, wie sehr ich mich über dieses Ereignis definierte. Über ein Ereignis, über welches ich nie sprach. Ich war in einem Teufelskreis gefangen.

Kein Statist sagt Nein zu einem Angebot

Ein weiteres Problem war mein Selbstwert, den ich an diesem Abend verloren hatte und dass ein zerstörerischer Teil in mir nun dafür sorgte, dass ich mich noch weniger wertvoll fühlte. Wenn man wie ich ein Mädel war, das generell viel unter Menschen war und dies auch nicht ändern wollte, weil ja alle denken sollten, dass alles in Ordnung war, dann gab es eben auch Situationen, an denen ich junge Männer kennenlernte. Das, was mein tiefster Schmerz aus der Vergewaltigung war, war die Tatsache, dass ich mit dem Wort „Nein" mehrfach meine Grenze gezogen hatte und jemand diese Grenze einfach vollständig ignoriert hatte. In meinem Kopf lief ein aus heutiger Sicht kranker Film und immer wieder hörte ich die Stimme in mir: „Marisa, wenn Du nicht Nein sagst, dann kann keiner Dein Nein ignorieren." Für mich war es immer klar, dass Vergewaltigungsopfer nie mehr in ihrem Leben Spaß an Sexuellem haben würden, ohne dass ich je mit einem dieser Opfer persönlich geredet hatte. Das war in meiner Vorstellung einfach die einzige

Möglichkeit. Doch ich reagierte anders. Ich traute mich künftig bei nichts und niemandem mehr Nein zu sagen, wenn es im Gespräch zu einem gewissen Punkt gekommen war. Schrecklich oder? Gepaart mit der Überzeugung, dass das die „falsche" Reaktion auf mein Trauma war und im Hinterkopf habend, dass man mich als Schlampe abstempeln würde, wirkte die seelische Verletzung aus der Tat immer weiter und immer tiefer, denn ich verurteilte mich insgeheim dafür, dass ich nicht für mich einstehen und Nein sagen konnte. Heute weiß ich, dass leider sehr viele Menschen Probleme haben mit dem Nein sagen und da ich es wieder kann, werde ich euch später noch durch eine Übung begleiten, wie ihr Stück für Stück lernen könnt, wieso es für alle Beteiligten gut ist, Nein zu sagen, wenn man das Nein im Inneren spürt.

Verschenktes Talent
Solange mein Weg noch vorgezeichnet war, funktionierte dieser Automatismus Modus für mein Leben eigentlich ganz gut. Abitur, dann wollte ich nach Australien, schaffte aber den Absprung aufgrund einer Beziehung nicht, fand dann mein Traumstudium Gesundheitsmanagement und zog das durch, nachdem ich den passenden Ausbildungsplatz zum dualen Studiengang gefunden hatte. In dem Betrieb fühlte ich mich sehr wohl und auch das kleine Städtchen Besigheim, in das dieser Weg mich führte, mochte ich wirklich sehr. Doch nach dem Studium gab es dort keine Aufstiegsmöglichkeiten für mich, außerdem reizte mich das Ausland sehr. In Spanien herrschte wirtschaftlich die Krise und als ich nach dem Studium einige Monate drüben war um endlich Spanisch zu lernen, wäre ich sehr gern dort geblieben. Leider fand ich keine vernünftige Möglichkeit, dort auch Geld zu verdienen, dafür waren meine Sprachkenntnisse und die Situation dort im Land nicht die besten Voraussetzungen und so langsam fiel ich in ein Loch. Wenn bisher nur der Bereich „Beziehung" wirklich schief gegangen war in meinem Leben, merkte ich langsam, wie ich

letztendlich in vielen Bereichen so langsam in die ganz persönliche Krise rutschte, denn ich wusste nicht, was ich wollte. Zurück in Deutschland begannen Jahre, in denen ich viele verschiedene Jobs machte. Ich arbeitete im Fitnessstudio wieder als Trainerin, wie im dualen Studium zuvor, ich erledigte für eine Freundin das Backoffice in ihrer Marketingagentur, fertigte Ventile für Zahnlabore und ähnliches an, ich bediente viel in der Gastronomie und einmal nahm ich als Übergang sogar einen Job am Empfang eines FFK Clubs an. Viele dieser Dinge machten mir auch Spaß, besonders die Gastronomie, da ich nach wie vor die Menschen liebte, doch all das waren Dinge, für die ich mein Studium nicht gebrauchen konnte und ich spürte in mir drin, dass ich eigentlich mehr konnte und wollte. Mit Geld kam ich auch nicht klar, hatte ich welches, gab ich es aus, hatte ich gerade keines, schaffte ich irgendeinen Weg die Zeit zu überbrücken. Aber das ich einfach mal unbeschwert einen Urlaub hätte buchen können oder ähnliches, das gab es bei mir nicht. Wenn war es immer ein Kampf, da ich einfach nichts sparen konnte.

Weiterbildung, eine wichtige Basis
Während dieses Irrwegs, hatte ich bereits ein für mich sehr spannendes Themenfeld entdeckt. Die Persönlichkeitsentwicklung. Auf Xing hatte mir Anfang 2011 ein damals noch Fremder ein Buch empfohlen, das ich in diesem Buch bereits erwähnt habe, und zwar „So denken Millionäre" von T. Harv Eker. Karim und ich telefonierten ab dem Moment, als ich das Buch angefangen hatte zu lesen, nahezu jeden Tag lange und tauschten unsere Gedanken und Erkenntnisse zu diesem Buch miteinander aus. Relativ zeitnah erzählte er mir auch, dass der Autor mit einem Seminar das allererste Mal nach Europa kommen würde und das ausgerechnet nach Berlin. Da die Worte Ekers mich wirklich extrem triggerten, wollte ich unbedingt dabei sein. Wir buchten das Seminar und eine Reise nach Berlin und im April saß ich in diesem gigantischen Saal

mit 1400 anderen Menschen und wartete sehnsüchtig auf den Start des Seminars von Harv, dessen Name ich erst Ende Januar das erste Mal gehört hatte. Zu der Zeit war ich schon einige Monate in meiner ersten Therapie, die ich direkt nach dem 3 Tages Event abbrach, da mir dieses Seminar in so kurzer Zeit mehr gebracht hatte als mein Therapeut über Monate hinweg. Ich war seit dieser gigantischen Erfahrung mit dem Virus „Persönlichkeitsentwicklung" infiziert. Doch wieso hatte das für mich einen so großen WOW Effekt? Zum einen, weil dort Prozesse stattfanden, die mich tief im Herzen berührten und die in mir teilweise Dinge auslösten, die mich wirklich überraschten. Ich sprach zum ersten Mal ganz offen mit einer fremden Person darüber, was mir geschehen war und die Reaktion tat so gut, denn am Ende weinten wir einfach gemeinsam Arm in Arm. Durch Knöpfe, die Harv und sein Seminarteam bei geführten Meditationen und ähnlichen Prozessen zu drücken wussten, hatte jeder von uns seine Baustellen vor dem geistigen Auge und konnte diese ganz individuell ein wenig aufarbeiten, was ich bei so einer Massenveranstaltung nie erwartet hätte. Außerdem lernte ich viele Menschen kennen, die extreme Schicksale teilten und andere, die vielleicht nicht ein einschneidendes Erlebnis zu heilen hatten, die aber ebenso gehemmt waren. Gemein hatten wir, dass wir mehr vom Leben wollten und auf der Suche nach dem Weg waren, dieses Potenzial auch raus zu lassen, statt uns weiter klein zu halten. Fortan gab ich mein Geld für Seminare aus, verschuldete mich auch immer wieder, wenn auch nie für große Summen, doch leider setzte mich diese Situation immer sehr unter Druck und ich schaffte es einfach nicht, meinen Geld Thermostaten, so wie Harv es immer nennt, nach oben zu schrauben, mit meinem niedrigen Selbstwert erlaubte ich es mir weiterhin nicht, Geld zu haben, Geld zu vermehren. Es war wie verhext, hatte ich mal etwas übrig, dann kam eine Rechnung oder es ging etwas kaputt, was ich ersetzen musste, aber mit ganz großer Sicherheit blieb nichts übrig von meinem Geld. Meine Vision, die ich 2013 auf einem Seminar herausarbeitete, begrub ich immer wieder hinter der Geld

Problematik. Zu dieser Vision später nochmal mehr. Jedenfalls drehte ich mich zwar weiterhin im Kreis, aber durch die Seminare und besonders durch das sich dadurch verändernde Umfeld, wurde ich immer wieder angefixt, mehr aus meinem Leben zu machen.

Mein Weg zurück

Wie gesagt, auf einem der Seminare kam meine Vision ans Tageslicht. Ich sah mich auf einer Bühne stehend vor Menschen, die ein ähnliches Schicksal erlitten hatten wie ich und half ihnen, wieder Mut zu finden nach vorn zu sehen. Auch auf diesem Seminar gab es wieder eine Übung, die mich sehr durch rüttelte. Eingebettet in einen langen und sehr tiefgehenden Prozess sollten wir auf die Frage antworten, warum wir jetzt noch nicht sterben wollten. In einer Kleingruppe sollte ich nun etwas sagen und ich war als Letzte dran. Der Ablauf dieser Übung setzte mich extrem unter Druck. Die erste Person war ein Familienvater und für mich stand glasklar fest, dass Kinder nicht ohne ihren Dad aufwachsen sollten, denn sie brauchten ein Vorbild. Der Mann nach im konnte sich glaube ich nicht so richtig auf die Gefühle einlassen, denn er sagte nur, dass seine Partnerin nicht ohne ihn klarkommen würde und wie er es sagte klang so, als sei sie allein nicht lebensfähig, auch wenn ich glaube bemerkt zu haben, dass er einfach meinte, dass es die große Liebe sei, aber durch seine aufgesetzt lockere Art kam es eben ein wenig selbstüberschätzend rüber. Nun war die erste Frau an der Reihe. Sie hatte keine echten Emotionen, aber zumindest schmiss sie sich theatralisch auf den Boden, an ihre Worte kann ich mich allerdings nicht erinnern. In meiner inneren Rangliste hatte sie sich auf den 2. Platz geschoben mit ihrer Einlage. Nach ihr jedoch kamen echte Gefühle. Meine Sitznachbarin begann zu weinen, denn sie hatte das erste Mal nach der Geburt ihren Säugling für ein Wochenende abgegeben, um für sich persönlich wachsen zu können. Wow. Das berührte mich sehr, denn man merkte, wie sehr sie litt, aber eben auch, dass sie sich ein gutes Leben für ihre Familie wünschte und bereit war, dafür dieses Opfer zu bringen, schließlich war ihr Baby bei der Familie in besten Händen. Eindeutig Platz 1, die zwei Elternteile würden ganz klar das Rennen machen. Nun war ich dran. Ich hatte noch immer keine Ahnung, was ich sagen sollte oder würde, bis ich den Mund aufmachte und die Antwort, die ich gab, die überraschte mich mindestens so sehr wie die Menschen um mich herum, denn ich hörte mich sagen: „Ich möchte nicht sterben, bevor ich meinen Eltern nicht sagen konnte, dass ich vergewaltigt wurde und ich möchte anderen Menschen mit dem gleichen Schicksal helfen, damit leben zu können." 4 offene Münder starrten mich an und ich selbst hatte den Eindruck, neben mir zu stehen und mich selbst so verdutzt anzustarren als habe ich gerade einem Löwen in den Schwanz gebissen. Nie zuvor hatte ich diesen Gedanken bewusst gedacht und da stand er jetzt ausgesprochen im Raum. Im Prozess blieb ich mit der Säuglingsmama am Leben und es schien, als habe ich tatsächlich meine Vision und ein ganz klares Ziel für mich persönlich gefunden. Dieses Ergebnis ließ mich Verantwortung spüren, denn man hätte für mich tatsächlich den Vater sterben lassen und auch, wenn es nur ein Prozess war und nicht die Realität, es wirkte alles in allem extrem echt, denn die Menschen, die solche Events veranstalten, die sind echte Meister darin, Dich emotional voll in die Situation zu holen, egal wo Du stehst. Einige Wochen dauerte es von diesem Seminar bis zu meinem Geburtstag, an dem ich nach dem gemeinsamen Kuchen essen meine Eltern, meinen Bruder und meine zwei Onkels bat, noch kurz zu bleiben. Zu dem Zeitpunkt lebte ich bei München und wenige Tage zuvor hatte ich bei schönstem Sonnenschein auf einer Wiese mit Blick auf die Alpen in einem völlig entspannten mentalen Zustand genau überlegt, was ich wie sagen wollte und was mir wichtig war. Meine größte Angst war, dass meine getrenntlebenden Eltern sich gegenseitig Schuld zuwiesen. Daher stellte ich erst Regeln auf und erklärte, dass es mir heute gut ginge und deshalb alles in Ordnung sei. Klar, jeder reagierte bestürzt, aber es war ein gutes Gespräch und ich war wirklich erleichtert, dass mich meine Familie jetzt ein wenig besser verstand. Ein Jahr später startete ich einen Blog über meine Geschichte, den Du auch heute noch unter www.keinopfermehr.de findest. Damals hatte ich ungefähr 1000-1500 Freunde auf Facebook, die meisten kannte ich wirklich privat, denn als Fitnesstrainerin und wenn man so oft umgezogen war, wie ich, dann kannte man relativ viele Menschen, einige Kontakte kamen natürlich durch die vielen besuchten Seminare hinzu. Ich rechnete damit, dass den Post vielleicht 10-20 Menschen lesen würden, dass 3 vielleicht auf den Link klicken würden und um ehrlich zu sein rechnete ich nicht damit, dass es überhaupt eine Reaktion geben würde, die bei mir ankam. Doch ich lag ein wenig daneben mit meiner Einschätzung. In den ersten 24 Stunden waren über 1200 Menschen aus 3 Kontinenten auf dem Blog und auf allen Kanälen wurde ich mit Feedback befeuert. Mich erreichten Nachrichten von Schulfreundinnen, die mir schrieben, dass sie gar nichts geahnt hätten damals und es gab sogar bereits Anfragen von Selbsthilfegruppen, die durch das Teilen oder durch Kommentare auf meine Timeline fanden. Ich erinnere mich wie heute, als ich mich in Ludwigsburg mit einer Pizza auf eine Parkbank in die Sonne saß und weinte. Ich war geflashed von der Resonanz, davon, wie extrem positiv und dankbar die Reaktionen auf den Blog waren und auf meine offene Art, in der ich dort beschrieb, wie es mir ergangen war. Aber ich war auch überfordert, denn ich spürte, welche große Verantwortung dieses Thema mit sich brachte. Ich wollte ja, dass der Blog groß wurde, aber da ich dachte, dass es sehr viel Arbeit sein würde, ihn bekannt zu machen, war meine Vorstellung, dass ich Zeit haben würde, in diese Verantwortung rein zu wachsen. Anstatt mich der Herausforderung dankbar zu stellen, zog ich mich wieder ein wenig zurück, bewarb den Blog nicht und schrieb nur ganz vereinzelt hier und da neue Artikel. So wie diese, ließ ich immer wieder große Chancen in meinem Leben aus, weil ich mich nicht traute, tatsächlich wieder in meine Größe zu gehen.

Der Schmerz so groß

Manchmal fühlte ich mich wie Stephan Hawkins. Über die Jahre häufte ich aufgrund der Seminare immer mehr Wissen an, in die Umsetzung kam ich aber leider einfach nicht. Viele meiner Kontakte starteten voll durch, doch ich saß oft auf der Couch und hatte mir etwas vorgenommen, tat es aber nicht. Warum? Ja, wenn ich das gewusst hätte, dann wäre ich ein großes Stück weitergekommen. So saß ich einfach nur da, wurde von Minute zu Minute unzufriedener mit mir selbst und änderte doch nichts. Bis jemand mir mal auf den Kopf zusagte: „Du hast Angst vor Erfolg." Dieser Satz brachte mich zum Grübeln und nach und nach wurde mir bewusst, wie recht er hatte und dass ich das all die Jahre nicht gesehen hatte. Ich hatte mich unbewusst aus meinem eigenen Leben verabschiedet, mich versteckt und schaffte es nun nicht, zurück zu kommen, denn mich beherrschte die Angst. Dabei war ich nun mit meinem Thema längst nach außen gegangen, es war also nicht mehr die Angst, dass man herausfinden könnte, was mir geschehen war. Oder war es nur Gewohnheit? Angst also, wieder aus diesem „mich klein denken" auszubrechen? Ich investierte weiter in Seminare und buchte auch Coachings, in denen ich 1:1 mit jemandem arbeitete, doch auch wenn sich mental immer mehr in mir tat, große Sprünge ließen weiter auf sich warten. Manchmal überlegte ich, in eine Klinik zu gehen, denn eine Therapeutin, bei der ich zwischenzeitlich noch mal einige Monate war und mich auch relativ gut aufgehoben fühlte, meinte, dass ich dort vielleicht lernen konnte, eine Routine in meinem Leben zu etablieren mit kleinen Dingen, die mir helfen würde, mich nicht mehr überfordert zu fühlen von Kleinigkeiten. Ich war zeitweise manisch-depressiv, mir war aber klar, dass ich auf gar keinen Fall Medikamente nehmen wollte und da ich entweder in kleinen Betrieben arbeitete oder noch kein halbes Jahr angestellt war, war das mit dem Klinikaufenthalt immer nicht so einfach und so kommt es, dass ich am Ende nie eine Klinik von innen gesehen habe und bis heute nicht weiß, ob es mir gut getan hätte oder nicht.

Wiederholungsopfer

Dieses Wort mag sich ein wenig ungewohnt lesen, doch ich werde Dir gleich erläutern, was ich damit meine. 2004 war die Vergewaltigung gewesen, Ende 2010 begann ich erst mit der Aufarbeitung, 2011 entdeckte ich Persönlichkeitsentwicklung für mich. Doch ich schaffte es nicht aus der Opferrolle heraus, diese Mentalität saß einfach zu tief und zu fest verankert. Nach und nach wurde mir auch bewusst, was ich mir damit angetan hatte, die Gefühle jahrelang wegzudrücken, denn nun kam ich nicht dran, obwohl ich sie gern verarbeitet und losgelassen hätte. Mit der Zeit kam ich definitiv auch weiter in einigen Dingen mentaler Natur, ich lernte Techniken kennen, positiver zu denken, was auch durchaus positive Konsequenzen mit sich zog, doch an den Kern meiner Problematik kam ich zu der Zeit noch nicht. 2013 sprach ich mit meinen Eltern über das Thema, nur, damit Du nochmal so ein bisschen den zeitlichen Ablauf nachverfolgen kannst. 2014 im Juli launchte ich meinen Blog. Im Herbst 2014 geschah es dann, es war 20 Uhr an einem Sonntagabend und als ich vom Bahnhof in Ludwigsburg auf dem Weg nach Hause war, umklammerte mich plötzlich ein Mann von hinten und säuselte mir irgendetwas lüsternes ins Ohr. Zum Glück befreite ich mich völlig instinktiv aus seinem Griff und gab ihm eine Ohrfeige. Er erschreckte sich, fragte mich: „Warum haust Du mich?" Es schien, als hätte er Drogen genommen oder ähnliches, denn er realisierte überhaupt nichts von der Situation und schaute mich an, als habe er das nicht verdient. Zum Glück verschwand er direkt. Das war für mich ein extremer Einschnitt, denn fortan versetzten mich jegliche Schritte, die ich hinter mir hörte, in Panik. Am nächsten Tag schaffte ich es nur zum Arzt, indem ich mit dem Rücken zu den Hauswänden lief. Zum Glück hatte ich damals gute Freunde und 2 geniale

Mitbewohnerinnen, die dafür sorgten, dass sich diese Angst nicht festsetzen konnte, denn sie schleppten mich raus, erst liefen wir zusammen eine andere Strecke, dann die Strecke, auf der es geschehen war, irgendwann lief ich dann wieder alleine, wusste aber, dass sie jederzeit für mich erreichbar seien und nach und nach wurde die Angst wieder weniger und nach ca. einem halben Jahr konnte ich wieder mitten in der Stadt laufen, ohne mich bei Schritten hinter mir direkt zu stressen. Aber diese Monate waren wirklich hart für mich. 2016 wanderte ich nach Spanien aus, was mein Traum gewesen war, seit ich Kind war. Ich wohnte zu Beginn bei einem Großvater im Haus und wollte mir online etwas aufbauen als Fitness Trainerin. Mein Traum war es, Fitnessreisen für deutsche Kunden an spanischen Stränden anzubieten. Wie schon die Jahre zuvor scheiterten meine Träume aber an der extrem niedrigen Umsetzungsquote, obwohl mich wirklich immer wieder so viele Dinge darin bestärkten, dass ich das Potenzial hatte und besser sein könnte, als viele andere. Besonders als ich einem bereits erfolgreichen Trainer einige Tage als Volunteer zur Seite stand, merkte ich, dass es oft nicht das Können ist, sondern das sich vermarkten, denn bei seiner Leistung konnte ich wirklich nur den Kopf schütteln. Mein Spanienaufenthalt wurde abrupt beendet, als ich eines Nachts in meinem Bett aufwachte, weil mein Opa über mir stand wie in Trance und mich anfassen wollte. Seine Stimme klang wie die von Gollum aus „Herr der Ringe", es war schlimm. Zum Glück zog er sich irgendwann zurück, nachdem ich immer wieder Nein gesagt hatte und nicht nachgab. Noch in der Nacht rief ich einen Freund an und wir buchten mir für den Folgetag einen Flug zurück nach Deutschland. Ich wollte nicht in Spanien bleiben, hätte natürlich bei Verwandten schlafen können, aber nicht ohne das ich mich hätte erklären müssen. Ich schrieb einer Freundin, dass ich vorübergehend bei ihr wohnen würde. Es war die Hölle, meinem Opa am nächsten Tag zu begegnen. Während er seinen morgendlichen Einkauf machte, machte ich mir schnell Frühstück unten und suchte meine wichtigsten Dinge zusammen, um meine

Koffer zu packen. Danach kam er zu mir nach oben. Er weinte bitterlich, konnte nicht verstehen, was da in ihn gefahren war. Ich machte ihm klar, dass ich in wenigen Stunden weg sei und als er mich dann in die Stadt an den Bahnhof fuhr, hatte ich ehrlich gesagt ab und an mal ein flaues Gefühl im Magen und die Frage im Kopf, ob er nicht doch einfach gegen einen Felsen fahren würde, weil er sein Leben und dieses Schuldgefühl nicht mehr ertrug. Gleichzeitig wusste ich nicht, ob mir das wirklich was ausmachen würde, zumindest ließ ich es zu, dass er mich fuhr.

Eines hat mich dieses Kapitel in meinem Leben gelehrt. Solange Du Deine Opfermentalität nicht aufgibst, werden Dich Täter 10 Kilometer gegen den Wind wittern und Du wirst sie immer wieder in Dein Leben ziehen. Dabei muss es nicht immer um solch krassen Dinge wie Missbrauch oder ähnliches gehen. Selbst, wenn Menschen „nur" immer wieder Deine Gutmütigkeit ausnutzen, dann ist das, weil Du keine Grenzen setzen kannst oder Dir Selbstwert fehlt und das spüren eben genau diese Menschen. Das heißt bitte nicht, dass Du im Umkehrschluss kalt und abweisend werden sollst. Sondern, dass Du in Deine Größe kommen sollst. Denn wenn Du Dich liebst, mit all Deinen Stärken und Schwächen, Du weißt, wer Du bist und was Du kannst, dann kannst Du aus Freude geben und nicht aus dem Gefühl heraus, nur dann etwas wert zu sein. Das ist eine ganz andere Energie, ein anderes Gefühl auch für Dich und das Standing, das Du dann hast, das sorgt dafür, dass sich solche Personen nicht mehr an Dich ran trauen. Du fliegst nicht unter, sondern über ihrem Opferradar hinweg.

Ich war also auf dem richtigen Weg, ich hatte Ziele, ich hatte meinen Fokus auf das Positive im Leben gerichtet, aber um voran zu kommen und nicht immer wieder solche extrem erschütternden Rückschläge zu kassieren, musste ich diese Opferrolle endlich verlassen – vorher war ich tatsächlich in Lebensgefahr, sei es durch einen weiteren Übergriff oder durch Aufgeben in Form von Suizid.

Mexiko – Leben am Limit

Meine nächste Etappe wurde ganz überraschend Mexiko. Mir war immer klar, dass ich irgendwann Lateinamerika entdecken wollte, aber schon die Frage, mit welchem Land ich anfangen würde, hätte mich überfordert. Da es im Leben aber keine Zufälle gibt, hat sich das Land einfach für mich entschieden. Klingt komisch? Ist aber so. Ich war erst einige Monate zurück in Deutschland und hatte das in Spanien geschehene ganz gut verkraftet, aber ich war noch immer überzeugt davon, das Deutschland nicht wirklich mein Land ist, fühlte mich nicht angekommen oder zu Hause. Freunde von mir, die seit einiger Zeit durch die USA und Mexiko tourten, fragten mich, ob ich nicht Leute aus dem Tierschutz kennen würde, die Interesse hätten, in Mexiko in einem Tierheim zu arbeiten. Zuerst teilte ich das Gesuch einfach in meinem Facebook Account und in den passenden Gruppen. Interesse war viel da, doch bei den meisten scheiterte es an Verpflichtungen in ihrem Leben. Irgendwann spürte ich, dass mich das Angebot selbst extrem getriggert hatte. Ich liebte Hunde, ich wollte mein Spanisch verbessern und das Grundstück der Tierschutzorganisation war direkt am Meer. Ein Traum. Um das Ganze abzukürzen, ich kündigte meine WG und meine Festanstellung und 6 Wochen nach meinem Entschluss war ich bereits in Mexiko. Ja, anfangs hatte ich die Hosen gestrichen voll, gleich in Mexiko City fühlte ich mich von einem Mann in einem Restaurant sehr beobachtet und sah mich schon in dem Entführungsdrama, welches eine junge Frau mir in Miami für Mexiko prophezeit hatte, wenn ich mir meine Haare nicht dunkel färben wolle. Wie ihr seht blieb mir dieses Schicksal erspart und ich muss sagen, dass ich mich sehr sicher in Mexiko fühlte, immer mit der gebotenen Vorsicht. Ich blieb 5 Monate und auch wenn sich das mit der Organisation als Mist herausstellte und ich 2 Mal quasi obdachlos wurde, ich fühlte mich dort unglaublich wohl und vor allem lebendig. Die Menschen waren so hilfsbereit, warmherzig und dankbar, obwohl sie oft nur ganz wenig Besitz hatten. Immer, wenn es um die Herausforderung ging, wo ich wohnen sollte, taten sich nicht eine Tür, sondern gleich mehrere auf und man merkte, dass die Menschen, die mir ihr zu Hause anboten, es wirklich so meinten, wie sie es sagten. Von Herzen. Ich fand einen Job, arbeitete fortan für 10 € am Tag in einem Restaurant und lernte dadurch immer mehr Menschen kennen. Ich ging aus und lernte mehr Menschen kennen. Mein Spanisch wurde besser und ich lernte viel über die mexikanische Kultur. Mehr und mehr verliebte ich mich in La Paz und schnell war klar, dass ich wiederkommen wollte. Doch es gab auch dunkle Seiten. Mir fehlten natürlich auch Menschen, die mich schon länger kannten und plötzlich zwang mich mein Leben, mir meine Vergangenheit nochmal genauer anzuschauen. Vermutlich, weil es Zeit war, endlich die Päckchen loszulassen, die ich noch immer mit mir rumtrug. In meinem ersten Haus, in dem ich alleine wohnte, hatte ich noch einen Pool und ich hatte einen Hund, einen süßen, vernachlässigten Mischling, der unendlich dankbar für meine Gesellschaft war – und doch war ich mit Sicherheit noch glücklicher über ihn. Als ich dann aber in einer abgelegenen Siedlung wohnte und Amigo zurücklassen musste, da fühlte ich mich doch oft einsam und in dieser Einsamkeit kam die Vergangenheit immer und immer wieder. Das mir der Hund fehlen würde und er genau diese Lücke füllte, das wusste ich bereits als ich gehen musste und da er nicht ins Haus durfte, schlief ich die letzte Nacht an ihn gekuschelt im Karten auf ein paar Kissen, die ich aus dem Haus geholt hatte. Seit dem Vorfall mit meinem Opa hatte ich gefühlte 100 Mal einen Wagen wie seinen gesehen und sogar ihn dem Modell gesessen, da mein Mentor und Freund so einen fuhr. Beim 101 Mal brach ich zusammen. Ich konnte nicht mehr. Fortan ging ich zu einer Therapeutin und mein zum Glück wohnte dieser Freund, der sich wirklich wie ein großer Bruder um mich kümmerte, in der gleichen Siedlung und schaute quasi täglich nach mir. Trotzdem gab es diesen einen Tag, am dem ich den tiefsten

Punkt in meinem Leben erreichte, der erste Tag in 14 Jahren Traumaverarbeitung, an dem ich mich ritzte. Zum Glück vertraute ich Javier so sehr, dass ich ihm direkt davon erzählte und an diesem Tag machte er mir klar, dass er mich in diesem Zustand nicht im Umfeld seiner Kinder haben wollte - ziemlich nachvollziehbar für mich. Er schickte mir die Nummer einer Therapeutin, die er persönlich kannte und ich machte einen Termin. Das Verlangen mich selbst zu verletzen war zum Glück nach etwa 24 Stunden wieder verschwunden, Javier sorgte persönlich dafür, dass ich zu dem Termin ging und das Gespräch tat mir auch wirklich sehr gut. Das Meer, die offenen Menschen, so sehr La Paz mich auch forderte, gleichzeitig fühlte ich mich angekommen, angenommen und in mir keimte ein Gefühl auf von Stärke, von innerem Frieden und eine Ahnung, dass ich wesentlich mehr Größe in mir trug, als ich mir bis zu diesem Zeitpunkt vorstellen konnte.

Großes Comeback

Der richtige Durchbruch für mich persönlich kam erst, als ich es schaffte, mich endlich mal auf einen Coach zu fokussieren. Ich war gerade das zweite Mal aus Mexiko zurück und entschied mich, doch länger auf deutschem Boden zu bleiben, als es geplant war, um mein Leben wieder neu zu sortieren. Dazu nahm ich nochmal eine Festanstellung an, was mir Struktur und Einkommen brachte. Was ich zu Beginn noch nicht wusste war, dass ich auch noch ein super Team erwischt hatte, in dem ich mich menschlich wirklich nach wie vor sehr wohl fühle und ich weiß, dass das heute wirklich etwas ist, was man wertschätzen sollte, denn oft ist im Arbeitsalltag Missgunst, Stress und Verbohrtheit zum normalen Wahnsinn geworden. Ich verfolgte Ernst schon länger über Facebook und bei einem Angebot von ihm konnte ich nicht widerstehen. „Kaufe mein Buch und ich lade Dich zu meinem 2 tägigen Seminar ein – Du zahlst nur Deine Übernachtung im Kempinski Frankfurt und anteilig Raumkosten." Wow. Super Angebot, denn Ernst spielt preislich normal in einer anderen Liga. Ich war überzeugt, dass bei diesem Geschenk sicher viele am Seminar teilnehmen würden und stellte mich auf 2 Tage beschallen lassen ein. Doch ich hatte mich geirrt: nur ca. 10 Teilnehmer waren da und schnell wurde klar – das wird intensiv und in der Komfortzone bleiben ist nicht. Es war wirklich tiefgründig beim Schweizer mit den langen weißen Haaren und was soll ich sagen, ich wollte mehr. Zuerst besuchte ich sein Buchseminar, hatte damals aber mein Thema noch nicht so recht gefunden, dann wollte ich bei der Speaker Cruise als Teilnehmerin dabei sein, bei der mir leider eine Mandelentzündung dazwischenkam. Irgendwann hörte ich mich sagen: "Bei der 2. Cruise bin ich dann als Speakerin dabei" und genau 18 Stunden vor Bewerbungsfrist las ich die E-Mail von Ernst in der stand, dass die Bewerbungsphase bis zum nächsten Mittag laufe. Die Bewerbung war fies, denn da standen so Fragen wie „Wie lautet der Titel Deines Vortrags?" oder „Welche 3 Benefits nimmt Dein Zuhörer aus Deiner Speech mit?" Lustig, oder? Ich hatte keine Ahnung, welches genau mein Thema war und da ich dachte, dass das so eh nichts wird, spielte ich schon mit dem Gedanken, mir die Mühe gar nicht zu machen. Doch eine Stimme in mir ließ mich meine Nachtschicht dafür nutzen, mich endlich mal konkret damit zu befassen, was eigentlich genau die Botschaft war, die ich mit der Welt teilen wollte. Ich füllte zuerst die Teile der Bewerbung aus, die klar für mich waren und arbeitete mich dann immer weiter vor, von den für mich klaren Dingen zu denen, bei denen ich absolut nicht wusste, was ich schreiben sollte und Stück für Stück setzte sich für mich ein Puzzle zusammen. Noch nie hatte ich so viel Klarheit in mir gehabt – "erzwungen" durch die Deadline für die Bewerbung. Am Ende sollte noch ein emotionales Video dazu und ich schlief erst nach Mittag am Folgetag, da ich quasi bis zum letzten Moment mit dem Ausfeilen meiner Bewerbung beschäftigt war. Es fühlte sich gut an, auch wenn ich mir fast sicher war, dass sich "bessere" Speaker um einen Platz im Line Up beworben hatten. Als die Info kam, dass 70 Bewerbungen eingegangen waren, hakte ich das

Ganze innerlich eigentlich schon ab. Die Nummer war gelaufen. Doch halt. Hoffnung stirbt ja bekanntlich zuletzt. Irgendwann kam dann die frohe Botschaft. Mein Video hatte Ernst überzeugt und er wollte, dass ich meine Geschichte, die er mittlerweile doch ein wenig kannte, mit der Welt teilte. Ich wusste nicht so recht, ob ich mich freute oder ob ich vor Panik direkt sterben wollte, so hin und her gerissen war ich. Doch der Schritt war getan und ich war dankbar für das Vertrauen in mich. Dankbar nahm ich das Angebot an, bis zum Tag der Tage eine Speaker Ausbildung wahrzunehmen bei meinem Mentor und traf dann gleich die nächste für mich verrückte Entscheidung, denn wenn ich mich nun sowieso eingehend mit meiner ganz persönlichen Botschaft auseinandersetzen wollte, dann kann man ja auch gleich noch ein Buch schreiben. Die beste Entscheidung meines Lebens neben der, nicht aufzugeben, denn dieses Buch hat mir schon bis hier hin so viel über mich selbst gelehrt, dass ich das wirklich jedem empfehle, der noch mit seiner Vergangenheit hadert. Ich bin schon weit gekommen und die letzten Monate ist es einfach unglaublich, wie sich plötzlich Türen öffnen. Podcast Interviews, ein Interview sogar schon im mexikanischen Markt, obwohl ich dort aktuell noch nicht wirklich präsent bin mit meinem Thema, Coaching Anfragen noch bevor ich offiziell starte und der Ehrgeiz, mich auf der Bühne nicht blamieren zu wollen, das alles hilft mir extrem, mich vorwärts zu pushen und endlich ist es ein Druck, der mich motiviert, nicht einer, der mich lähmt. Ich bin in meine Vision und Mission hineingewachsen, nach so langer Zeit und nachdem ich auch hier in Deutschland nochmal echt zu kämpfen hatte, weil ich zwischenzeitlich Angst hatte, nie aus diesem mentalen Gefängnis, das ich mir selbst gebaut habe, ausbrechen zu können. Vor einem halben Jahr hatte ich manchmal so Momente, in denen ich mir nur für eine Sekunde vorstellte, wie es sei, wenn ich jetzt einfach mit dem Auto von der Straße weg lenken würde oder so Gedankenblitze wie es sei, jetzt einfach mit den Inlineskates auf der Fahrbahn stehen zu bleiben. Dabei wusste ich 15 Jahre lang, dass das Leben für mich zu schön war um aufzugeben, doch langsam hatte ich wirklich Angst, dass es für mich nicht vorgesehen war, diese Schönheit nochmal unbeschwert genießen zu können. Daher weiß ich eins ganz gewiss:

„Es ist am kältesten, kurz bevor die Sonne wieder aufgeht."
Quelle unbekannt

Solltest Du irgendwann an diesem Punkt stehen, kurz vorm Aufgeben, dann denk bitte an mich und an diesen Satz. Bitte. Wähle die Nummer der Telefonseelsorge oder eines Dir nahestehenden Menschen und nimm Hilfe an.

Kapitel 5:
Im echten Leben
gibt es keine Generalprobe

> „Wer keine Fehler macht, der macht auch sonst nicht viel.“
> Quelle unbekannt

Nimm´ Dir nicht das Leben

Obwohl ich keinen echten Suizidversuch hinter mir habe, spreche ich oft davon, dass ich mir das Leben genommen habe. Nur habe ich es mir eben nicht für immer genommen, sondern "nur" für mein bisheriges halbes Leben. Denn das, was ich die letzten Jahre gelebt habe, das hatte nicht viel mit "meinem Leben" zu tun. Statt bewusst inne zu halten und mich zu fragen, was ich wirklich wollte, stolperte ich mehr von einer Situation in die nächste. Statt mir meiner Stärke und Größe bewusst zu werden, machte ich mich klein und versteckte mich vor der Welt. Irgendwie so ein Zombie Dasein war das. Zu tot um sich richtig lebendig zu fühlen und doch zu lebendig um ruhig in einem Grab zu verwesen.

Deine Lebenszeit

Dieser Abschnitt soll Dich nicht in Panik versetzen, aber Dich trotzdem zum Nachdenken bringen. Zur besseren Verdeutlichung kannst Du Dir ein Maßband besorgen. Da ich unter dem ressourcenschonenden Aspekt nicht fürs Zerschneiden bin, kannst Du Dir vielleicht mit einem Marker ein paar Striche ziehen, um Dir das anschaulicher zu machen. Google mal ganz bewusst die durchschnittliche Lebenserwartung Deines Geschlechts in dem Land, in dem Du lebst. Setze die erste Markierung. Zieh davon Dein Alter ab, 2. Markierung. Angenommen Du schläfst 6 Stunden pro Tag, sind das ¼ Deines laut Statistik noch übrigen Lebens, bei 8 Stunden ⅓ Deiner verbleibenden Zeit. Jetzt kannst Du theoretisch noch Deine Arbeitszeit abziehen, denn ich der kannst Du Dich unter Umständen auch nicht wirklich leben. Naja und dann schau mal, was übrig bleibt. Wahnsinn, oder? Das ist aber noch nicht alles, denn wir wissen nie, wann unsere eigene Zeit tatsächlich abläuft, richtig? Der Spruch "Lebe jeden Tag als wäre es Dein letzter." wird schnell daher gesagt, aber wer lebt schon wirklich nach diesem Credo? Sollten wir uns das nicht alle sehr viel bewusster machen in unserem Leben und die Zeit hier auf der Erde nicht als Selbstverständlichkeit sehen? Der Film "In Time - Deine Zeit läuft ab" mit Justin Timberlake ist für mich ein eindrucksvolles Beispiel dafür, wie wertschätzend wir mit unserer Zeit umgehen sollten, statt sie mit Negativität, Zweifeln und rumgammeln zu vergeuden. Ganz plakativ kann man das mal mit gerundeten Zahlen rechnen. Angenommen die Lebenserwartung beträgt 80 Jahre, 30 Jahre wäre mein Alter und ich schlafe im Schnitt 6 Stunden pro Nacht.

$$80 - 30 = 50$$
$$50 \times 0{,}75 \text{(also } \tfrac{3}{4}, \text{ denn } \tfrac{1}{4} \text{ jedes Tages verschlafe ich)} = 37{,}5$$

37,5 Jahre bleiben einem, wenn man heute 30 ist und tatsächlich 80 Jahre leben würde. Aber denk dran, Du weißt nie, wann aus Deiner Lebensuhr der letzte Sand nach unten fließt, daher mach Dir durch diese Rechnung die Vergänglichkeit der Zeit bewusst, aber verlasse Dich niemals darauf, dass Du ja noch so viel Zeit hast. Lebe jetzt.

Komm raus aus der Opferrolle – Jetzt!

Dieser Satz schwingt in jedem Satz dieses Buches mit. Ich verstehe, dass dieser Schritt nicht leicht ist und auch ich habe es gehasst, wenn Phrasendrescher so taten, als sei das das einfachste der Welt. Doch ich weiß auch, dass es nötig war, das immer und immer wieder zu hören. So oft, bis ich endlich die Schnauze voll hatte. Vielleicht habe ich es nur geschafft, weil mir damit manche Menschen so auf den Zeiger gingen. Oder weil ich so viele andere um mich herum erfolgreicher und freier werden sah und mir damit die Ausreden ausgingen, denn auch diese Menschen hatten oft extreme Geschichten in ihrem Leben durch und gingen doch ihren

Weg. Ich habe den Schalter lange nicht gefunden und am Ende ist es so wie alle sagen: Es ist nur eine Entscheidung - auch wenn ich sie mehrmals treffen musste. So lange, bis ich mich selbst genug Wert schätzte, um nach der Entscheidung auch ins Handeln zu kommen.

Vom Opfer zum... Täter

Klingt krass, ist aber so. Natürlich meine ich damit nicht, dass Du anderen etwas antun sollst. Lass es mich kurz erklären: Solange ich in der Opferrolle steckte, war ich in einer Sache ganz besonders schlecht - im Tun. Doch nur durchs Tun kann sich letztendlich etwas in Deinem Leben verändern. Ja, es beginnt mit einem Gedanken und ja, dieser wird zu einem Gefühl und erst dann handelst Du und erntest ein Resultat. Aber bei mir hörte es lange bei dem Gefühl auf, denn die Angst war immer stärker und die Ressourcen, mit denen ich gegen die Angst ankämpfte, die waren zu schwach. Deswegen musst Du zu einem Täter werden, einer Person, die ihren Gedanken und Gefühlen Taten folgen lässt. Egal wie klein Dir ein Schritt erscheinen mag, er gibt Dir Bestätigung, dass Du den nächsten Schritt auch schaffen wirst und das geht immer und immer so weiter. Wenn Du jeden Tag einen Mini Schritt machst, dann traust Du Dich vielleicht irgendwann, einen größeren Schritt zu machen. Aber selbst wenn nicht, ein Mini Schritt jeden Tag bringt Dich auch irgendwann ans Ziel. Kontinuität ist wesentlich entscheidender als die Größe der Schritte. Indem Du zu einem Menschen wirst, der tut, holst Du Dich Stück für Stück aus dem Opfersumpf zurück ins Leben. Aus der Passivität in die Aktivität. Aus dem geschehen lassen ins Gestalten. Eben vom Opfer zum Täter.

Komfortzone

Die Komfortzone hat es in sich. Man kann sie gut mit Deiner Couch vergleichen. Ja, es ist mal nett, einen Abend zu Hause zu verbringen, sich bewusst Ruhe zu gönnen, neue Kraft zu schöpfen. Aber hast Du auf Deiner Couch schon mal neue Menschen getroffen, die Dein Leben bereichern? Oder hast Du ein Abenteuer erlebt, während Du auf ihr saßt? Abenteuer aus Filmen zählen nicht, hier geht es um Dein Leben. In Deiner Komfortzone wird nichts Weltbewegendes geschehen, dafür ist es zu gemütlich. Das ist so, wie wenn Du als Statist einmal ohne Text durch eine Szene laufen darfst und Dich wunderst, dass sich nicht alle um ein Autogramm von Dir reißen. Willst Du etwas Besonderes erleben, dann verlasse Deine Komfortzone. Dieses Thema wird in jedem Buch, jedem Seminar thematisiert, das auch nur im Entferntesten mit Persönlichkeitsentwicklung zu tun hat und doch ist es gar nicht so einfach, die einfache Theorie in die Praxis umzusetzen. Deshalb möchte ich mit Dir hier 2 meiner Golden Nuggets teilen, die für mich in der Umsetzung ganz wichtig waren.

Zum einen musst Du ganz klar für Dich identifizieren, was Deine Komfortzone ist und was die Komfortzone anderer. Das habe ich lange falsch gemacht. Menschen sagten immer wieder zu mir: "Marisa, Du bist aber mutig, dieses oder jenes zu tun." Ja, wenn Du etwas anders machst als andere, dann ist das oft ein gutes Zeichen, es hat aber nichts damit zu tun, Deine Komfortzone zu verlassen. Klingt logisch? Definitiv. Trotzdem stelle ich auch bei anderen immer wieder fest, dass das oft ein Grund ist, dass Menschen denken, sie wären permanent aus der Komfortzone, obwohl sie nur anders agieren als andere Menschen. Für viele in meinem Umfeld ist es etwas Besonderes, angsteinflößendes, wenn ich mich gegen den Weg der Festanstellung, also gegen die "Sicherheit", so wie sie meinen, entscheide. Für mich ist es aufgrund meiner Liebe zu Freiheit, Kreativität und stetigem Wachstum und der Überzeugung, dass ich in einer Festanstellung in meinen Möglichkeiten immer gedeckelt bin ein Graus, mir vorzustellen, 40 Jahre für jemand anderen zu arbeiten. Das ist ausserhalb meiner

Komfortzone, weil ich nicht mich leben kann und weil Selbstverwirklichung etwas ganz wichtiges ist. Schau also immer, aus welchem Blickwinkel Du die Dinge betrachtest, die Du tust. Ein anderes Beispiel war, als ich letztes Jahr mit den Inline Skates auf die Arbeit fuhr. 8 km morgens um 5, 8 km abends um 18 Uhr, bei trockenem Wetter bin ich bis Mitte November gefahren. War das für mich etwas Besonderes? Ja. Die erste Woche, danach wurde es von Tag zu Tag normaler. Meine Muskulatur war daran gewöhnt, im Vergleich zum Bus sparte ich sogar Zeit und hatte mein Training gleich inkludiert. Kälte spürte ich maximal die ersten drei Minuten, danach war mir immer durchgängig warm durch die Bewegung. Es war genial, ich habe mich super lebendig gefühlt. Meine Komfortzone ist gewachsen. Etwas, was mir anfangs nicht mal als Idee in den Kopf gekommen war, war jetzt ein ganz normales Ritual geworden für mich. Für andere war es noch immer etwas Unkomfortables, denn sie kannten das so nicht, in ihrer Wahrnehmung war es zu kalt, zu früh, zu unbequem.

Der zweite Punkt wurde mir durch eine Geschichte bewusst, die ich 2012 auf einem Seminar in Italien hörte. Der Speaker erklärte das Phänomen Komfortzone mit einem Ausritt auf einem Pferd. Im Schritt war es gemütlich auf dem Pferd, man konnte sich die Umgebung anschauen und genießen. Aber man kam nicht wirklich voran und es wurde schnell langweilig. Also entschied er sich zu traben, allerdings war er Reitanfänger. Alle, die schon einmal auf einem Pferd saßen und sich an ihren ersten Trab erinnern, wissen wovon ich spreche, alle anderen, lasst euch gesagt sein: Als Anfänger ist ein Trab nicht wirklich angenehm, es ruckelt ganz schön auf dem Pferd, Du kommst zwar schneller voran, aber Du bist so damit beschäftigt den Sitz nicht zu verlieren, dass der Genuss schwierig ist. Die Neugier auf mehr siegt und er bringt das Pferd mit Anleitung in den Galopp. Wow. Er merkt, dass es ihm nun viel einfacher gelingt, mit der Bewegung des Pferdes mitzugehen, man ist im Flow, kommt schnell voran und fühlt sich wohl, somit kann man die Umgebung auch mit allen Sinnen aufnehmen und genießen. Was bedeutet das für unser Thema? Am schmerzhaftesten wird Dein Prozess sein, wenn Du Dich immer nur ein klein wenig aus der Komfortzone raus traust, dann doch wieder umdrehst und so weiter. Viel besser und einfacher ist es, sich in Ruhe zu sammeln, all seinen Mut raus zu nehmen und die Schallmauer zu durchbrechen. Der Moment des Schmerzes dauert nur einen Moment, doch Du fühlst Dich als würdest Du fliegen. Du wirst Dich auch ganz anders vorbereiten auf so einen Schritt. Ein gutes Beispiel hierfür ist wohl die Speech, die ich auf der Speaker Cruise halten darf. Es ist kein VHS Kurs mit 10 Teilnehmern, es ist ein Schiff voll mit einem erlesenen Publikum, Presse, Fernsehen und lauter Speaker Kollegen. Das ist für mich kein kleiner Schritt, sondern ein sehr großer. Doch dafür, dass ich so oder so durch den Schmerz (die Angst, oder was auch immer die Herausforderung ist) hindurch muss, ist hier der Reward, also die Belohnung viel höher. Daher ist es lohnenswert, inne zu halten und dann direkt mindestens den übernächsten Schritt anzupeilen. Ich weiß jetzt schon, dass sich dieser Schritt gelohnt hat, denn schon im Voraus spüre ich die Sichtbarkeit, die Menschen nehmen mich ernster, als wenn ich diese Bühne nicht hätte und auch ich selbst wachse an dieser Herausforderung und ziehe Mut und Selbstbewusstsein aus der Reise zum Speakerdasein.

Wiederholungsopfer

Ja, das Thema habe ich bereits im vorigen Kapitel angesprochen. Aber es ist mir wirklich ein Anliegen, das klar zu machen, daher möchte ich es nochmal abgekoppelt von meiner Geschichte zum Thema machen. In einer Facebook Gruppe gab es mal einen Kommentar von wegen "Durch positives Denken heilen die Wunden auch nicht." Das mag sogar wahr sein, aber wenn Du Dich selbst aufbaust, dann schützt Du Dich vor Menschen und Situationen, die Dir neue Wunden zufügen. Für mich war das alles wie ein

Bootcamp zum Überleben. Die Positivität hat mich getragen bis zu dem Moment, an dem ich wirklich bereit war zu heilen. Ich bin mir heute ziemlich sicher, dass ich entweder richtig abgerutscht wäre, oder in noch viel schlimmere Situationen gekommen wäre oder mein Leben beendet hätte, wenn ich nicht so viel Augenmerk auf "Gedankenhygiene", also positives Denken gelegt hätte. Das war unglaublich wichtig für mich. Solange Du die Opfermentalität in Dir trägst, solange bist Du viel eher in Gefahr, als wenn Du das hinter Dir lassen kannst. Und da hilft eben, wenn man seinen Fokus auf die guten Dinge im Leben lenkt. Am Anfang mag es Dir nur selten gelingen, Deine negativen Gedanken zu durchbrechen, doch Du kannst den Denkmuskel positiver Gedanken trainieren. Umso öfter umso besser. Wir denken ca 60.000 Gedanken am Tag (es gibt unterschiedliche Zahlen, ich erhebe hier keinen Anspruch auf wissenschaftliche Korrektheit, aber einigen wir uns einfach darauf, dass es sehr viele sind). Und nun ist es ganz einfach. Umso mehr positive Gedanken Du denkst, umso weniger Platz bleibt für Negatives. Selbst wenn wir uns am Anfang nahezu zwingen müssen und Probleme haben, überhaupt anzuerkennen, dass es positive Dinge in unserem Leben gibt, es wird mit der Zeit immer einfacher und dann switched ab einem gewissen Punkt der Fokus immer mehr auf Positivität um uns herum. Hast Du am Anfang noch Probleme damit, dann denke immer an diesen einen Satz:

**„Ich weinte, weil ich keine Schuhe hatte,
bis ich einen traf, der keine Füße hatte."**

Helen Keller

Es gibt immer Dinge, für die wir dankbar sein können. Du bist am Leben. Vermutlich hast Du ein Dach über dem Kopf, hast einen gewissen Grad an Gesundheit, hast Geld für Essen und Trinken. Vielleicht hast Du sogar die Chance, ein Buch zu lesen. Funktionieren all Deine Sinne? Wundervoll. All das, was wir viel zu oft als selbstverständlich ansehen, das sind Geschenke des

90

Lebens an uns. Trainiere diese Sichtweise, das zahlt sich so sehr aus in Deinem Leben, versprochen. Des Weiteren beeinflusst es natürlich auch unsere Ausstrahlung und diese wiederum wird in dieser Stärke keine Täter mehr anziehen. Lass nicht zu, dass Dir immer wieder neue Wunden zugefügt werden wie mir damals, sondern verändere Deine Opfermentalität so schnell wie möglich.

Eine tolle Sache, um dies zu trainieren ist, ein Dankbarkeitstagebuch zu führen. Nimm Dir jeden Abend einige Minuten und erinnere Dich an die besten Momente des Tages. Eine nette Geste eines Menschen im Supermarkt, konntest Du jemandem helfen, hattest Du Erfolge zu feiern? Da wir zur Bescheidenheit erzogen werden, erkennen wir oft nicht an, was wir eigentlich leisten und genau deshalb ist es so wichtig, diese Dinge niederzuschreiben. Es müssen keine weltbewegenden Geschehnisse sein, viel wichtiger ist, dass Du die Dir die Gewohnheit antrainierst, jeden Tag genau hinzuschauen. Am Anfang hatte ich wirklich Probleme, 10 Dinge zu finden, mittlerweile sind es meist weit über 20 oder 30. Probiere es mal aus. Setz Dich heute Abend hin und halte die 10 Punkte dieses Tages fest, für die Du dankbar bist.

1. ____

2. ____

3. ____

4. ____

5. ____

6. ____

7. ____

8. _______________________________________

9. _______________________________________

10. ______________________________________

Ich mache es mittlerweile so, dass ich die Highlights farbig markiere, also so echte Meilensteile, denn wenn ich mal Motivation brauche und in der Negativität gefangen bin, dann nehme ich mir das Buch einfach zur Hand und lese mir diese Punkte durch. Eine andere tolle Idee, die ich vor kurzem kennen gelernt habe ist, diese besonderen Punkte auf bunte Notizzettel zu schreiben und sie in einem Glas zu sammeln, auch so kann man jederzeit nachlesen und sich daran erfreuen, dass sich immer mehr magische Momente in diesem Glas sammeln.

Entscheidungen

Fallen Dir Entscheidungen leicht oder eher schwer? Ich persönlich hatte und habe mit diesem Punkt wirklich zu kämpfen. Siehst Du Dir das Wort an, ist eine Entscheidung immer eine Scheidung von etwas und das bedeutet, dass Du in der Lage sein musst, loszulassen. Der Entschluss für etwas ist immer auch das Abwenden von etwas anderem und besonders in der heutigen Zeit halten wir uns gern alle Optionen offen, möchten auf keinen Fall jemandem vor den Kopf stoßen. Doch triffst Du keine Entscheidung, sagst Du ganz auch nein zu Dir selbst. Eine typische Antwort meinerseits war: „Ist mir egal." Ist das nicht traurig, wenn wir keine Meinung zu etwas haben? Klar, bei der Frage ob Grieche oder Italiener, da halte ich mich auch mal zurück, aber auch nur, weil ich beides sehr gerne mag. Sonst gibt es bei mir kein „Mir egal." mehr. Denn ich bin mir nicht egal, also habe ich gelernt, wieder ein Gefühl dafür zu haben, was ich möchte. Früher war mein Kopf in diesem Moment oft einfach - leer. Doch wenn Du erfolgreich werden willst, dann sind Entscheidungen ganz ganz wichtig und sie werden Dir mit zunehmender Klarheit auch leichter

92

fallen, denn klar, wenn man den Weg nicht kennt, dann wird es schwer an einer Gabelung zu entscheiden, wo man weiter geht um ans Ziel zu kommen. Mit Erfolg meine ich übrigens immer, was Du persönlich darunter verstehst, also Erfolg ist für mich nicht rein aufs finanzielle bezogen. Für mich ist es auch ein riesen Erfolg, eine glückliche Partnerschaft zu haben, glücklich zu sein und einfach nur sein Leben nach seinen Vorstellungen leben zu können. Doch egal wie Du es für Dich persönlich definierst, tatsächlich braucht jeder starke Weg viele aktive Entscheidungen.

Was meine ich mit aktiven Entscheidungen? Viele Menschen sagen, dass keine Entscheidung auch eine Entscheidung ist, denn Du entscheidest Dich quasi dagegen, es in Deine Hand zu nehmen. Für mich gibt es den Unterschied zwischen aktiven und passiven Entscheidungen. Eine aktive Entscheidung ist, dass ich bewusst einen Entschluss fasse und mich für und gegen etwas entscheide. Passiv hingegen nenne ich eine Entscheidung, wenn Du so lange zögerst, bis die Gelegenheit vorbei ist. Stell Dir vor, Du denkst, dass es Zeit ist, Dein Statistendasein zu beenden und Du traust Dich und gehst zu einem Casting für eine größere Rolle - doch die anderen Bewerber/innen und die Situation an sich flößen Dir großen Respekt ein und Du sitzt dann einfach in der Wartehalle, aber registrierst Dich nicht. Du zögerst und zögerst - und irgendwann ist das Casting vorbei. Oder Du hast Tickets für eine Kreuzfahrt, bleibst aber an Land, bis das Schiff dann den Hafen verlässt und Du nur noch hinterher schauen kannst. Das sind für mich passive Entscheidungen, denn Du lässt die Chance verstreichen und meistens ist es nach längerem Zögern eh so gut wie unmöglich, dass Du ohne einen Impuls von außen noch aktiv wirst, denn mit jedem Moment des Zögerns geht Dein Kopfkino tiefer in die Negativspirale. Diese passiven Entscheidungsprozesse sind meistens langwierig, also Du quälst Dich lange damit rum, ja, nein, jein. Das belastet Dich extrem, raubt Dir Energie und wie ein Therapeut mal zu mir gesagt hat, dieser Vorgang belegt

Speicherplatz in Deinem Gehirn. Wer sich hier mit Technik ein wenig auskennt, der weiß, dass ein Handy oder ein Laptop, bei dem der Speicher mit zu vielen Dingen belegt ist, nicht mehr schnell läuft. Genauso ist es leider auch mit uns Menschen. Oft tragen wir so viele offene Entscheidungen mit uns herum und fühlen uns dadurch ständig belastet, gehetzt. Es fehlt uns Energie, die Last drückt uns aufs Gemüt. Nimm Dir einen Punkt raus, triff eine Entscheidung und geh Deinen Weg. Nimm Dir erst kleine Dinge vor und steigere Dich langsam zu den großen Entscheidungen in Deinem Leben. Dabei vergiss bitte nicht, dass dieser Weg dann nicht für immer gelten muss. Wir dürfen uns auch umentscheiden, jeden Tag darfst Du überprüfen, ob Dein Weg noch für Dich passt. Wichtig ist nur, dass Du jede Entscheidung aktiv und ganz bewusst triffst, das macht frei.

Perfektionismus vs. Kreativität

In dem ersten Punkt war ich eine richtige Expertin. Ein Fehler auf einem DinA4 Blatt und ich habe alles nochmal neu geschrieben, weil ich das so nicht ertragen habe. Toll, wie wichtig mir meine Lebenszeit damals war, nicht wahr? Perfektionismus ist das perfekte Thema für jeden, der nicht vorankommen will. Wenn Du aber Leichtigkeit in Deinem Leben haben möchtest und weiterkommen willst, dann halte Dich von dem Versuch fern, perfekt zu sein. Besser wirst Du, indem Du Fehler machst und aus ihnen lernst, nicht, indem Du alles versuchst nie welche zu machen. Sollte ich eine Tabelle in meine Unterlagen übertragen, musste ich zwanghaft die Kästchen abzählen für jede Spalte. Hat das was am Inhalt geändert, den ich für mich mitnehmen konnte oder wurden diese Tabellen jemals veröffentlicht? Im Gegenteil, meist hab ich sie selbst nie wieder angerührt, sobald der Test dazu geschrieben war. Was ich damit sagen möchte ist, dass das alles schön und gut ist und natürlich sollte man sein Bestes geben und etwas nicht absichtlich falsch machen, aber sich ewig mit Dingen aufhalten, die

Dir nichts bringen, das ist wieder was anderes. Lerne das zu unterscheiden. Die perfekte Therapie für mich ist, sich kreativ auszuleben. Wenn Du auch noch an Dir arbeiten darfst, was Perfektionismus betrifft, dann suche Dir doch zum Beispiel ein liniertes Blatt und schreibe es voll, aber nutze dazu nicht die Linien, sondern drehe das Blatt um 90 Grad und nun leb Dich einfach aus. Wenn Du in Mindmaps arbeitest, was ich jedem empfehlen kann, dann mach sie auf einem leeren Blatt, damit Du Deine Aufmerksamkeit auf Deine wichtigsten Punkte legen kannst, statt Kästchen oder Linien zu zählen. Für mich war das früher ein Kraus, mittlerweile freue ich mich auf die Kunstwerke, die daraus mit lockerer Hand entstehen. Dabei bin ich ganz im Prozess und im Fokus bei meinem Thema und ich kann euch sagen, diese Fließprozesse sind so wertvoll und wichtig. Lass Dir das nicht nehmen, sondern tauche voll ein und lass alle Ansprüche beiseite an all das, was Dich vom Kern der Sache ablenkt. Früher habe ich gerne Gedichte geschrieben und ich muss sagen, dass ich davon überzeugt bin, dass es uns Menschen gut tut, wenn wir uns kreativ betätigen. Malen, basteln, ein Do it Yourself Projekt, besonders schön finde ich immer, dass man ein greifbares Ergebnis hat. Tanz, Musik, auch das sind Möglichkeiten sich in Kreativität zu üben, es gibt nahezu unbegrenzte Möglichkeiten. Wenn Du nicht weißt, was davon Dir zusagen könnte, dann schau mal zurück in Deine Kindheit. Was hast Du als Kind gerne gemacht? Du kannst auch eine Liste machen, mit allem, was Dir einfällt und einfach mit der Sache anfangen, die Dir spontan am meisten zusagt. Kreativität ist auch hervorragend geeignet, um loslassen zu üben. Jedes Mal wird es Dir ein wenig leichter fallen, die Kontrolle abzugeben und den Prozess einfach zuzulassen. Perfekt geeignet, um Perfektion entgegen zu wirken und wenn Du es in einem alten oder neuen Hobby immer wieder übst, dann wird es Dir auch im Alltag immer leichter fallen. Was Du dann mit Deinen ganzen Werken tust? Vielleicht kannst Du sie künftig als individuelle Geschenke für Deine Liebsten nutzen, oder Du entscheidest Dich, sie online zu verkaufen und einen Teil des Erlöses zu spenden? Ich liebe es, wenn ich mit etwas was mir gut tut auch anderen noch etwas Gutes tun kann. Wie klingt das für Dich? Tobe Dich aus. Wenn Du willst, freue ich mich, wenn Du Deine Kreativität, welcher Form auch immer, auf Fotos festhältst und mir diese an keinopfermehr@gmail.com und wenn ich darf, veröffentliche ich sie auch gern. Ich werde extra dafür eine Seite auf meiner Homepage anlegen, weil ich stolz auf die Projekte meiner Leserinnen und Coachees bin und weil ich glaube, dass wir so noch mehr Menschen inspirieren können. Ich jedenfalls freue mich auf direkten Kontakt und jedes einzelne Kunstwerk, dass durch dieses Kapitel entsteht. Ich bin mir auch sicher, dass man so gut Dinge verarbeiten kann. Persönlich sind es bei mir immer Flügel, denn ich möchte fliegen, egal wie sehr meine Flügel gebrochen wurden. Das Malen ist für mich unheimlich heilsam und befreiend. Probiere es aus.

Eine weitere tolle Übung im Bereich Lösungsfindung habe ich von meinem Freund Javier gelernt, der für mich in Mexiko wirklich der Fels in der Brandung war und mich wie eine Schwester angenommen hat. Diese Aufgabe ist deshalb so genial für dieses Kapitel, denn sie löst einen Schwung an Kreativität aus, wenn man sie wirklich umsetzt. Als Perfektionistin und typisch "quadratischer Kopf", wie die Spanier die Deutschen gerne nennen, war ich beim Auftauchen eines Problems oft total blockiert, denn selbst wenn ich kurz den Gedanken an eine Lösung hatte, so fand ich auch genauso schnell Gründe, warum das nicht funktionieren könnte und hakte die Lösungsmöglichkeit innerlich direkt ab. Innerlich redete ich mir 2-3 Ansätze aus und mein Fazit im Anschluss lautete: Keine Lösung! Wenn ich heute vor einer Herausforderung stehe, dann suche ich nicht nach der perfekten Lösung, sondern lasse mich auf ein wildes, kreatives Brainstorming ein. Tatsächlich soll man solche Ideensammlungen nach der Hirnforschung auch wie ein Mindmap durcheinander schreiben.

Diesmal geben wir uns nicht mit einigen wenigen Möglichkeiten zufrieden, sondern stoppen unsere kreative Phase erst, wenn wir 21 mögliche Wege haben, wie wir die Herausforderung angehen können. Dabei geht es auch nicht darum, dass jeder Ansatz perfekt sein muss, sondern erst einmal darum, wirklich in einen Flow zu kommen. Oft führen die ersten noch nicht so gut umsetzbaren Ideen am Ende zu einer Version 2.0 ihrer selbst, welche schon wesentlich näher an der optimalen Lösung ist und unser Gehirn durchsucht gespeicherte Informationen auf Hochtouren nach weiteren Einfällen. Ein weiterer genialer Vorteil dieser Methode ist, dass wir nicht so schnell wieder an dem Punkt ankommen, an dem wir das Gefühl haben, dass es keine Lösung gibt. Schreibe eine Herausforderung, die Du gerade hast, in die Mitte der nächsten Seite und bleibe so lange darüber sitzen, bis Du 21 Ideen zur Lösung gefunden hast. Denke daran, dass es nicht sofort um die Bewertung der Ansätze geht, das wäre dann Dein zweiter Schritt danach. Zuerst bringst Du alle Deine Einfälle zu Papier, einfach schon deshalb, um eine Auswahl treffen zu können. Und damit wir hier nicht eine halbe Seite verschenken und Du Dich noch ein bisschen im kreativen Loslassen üben darfst, nutze diese Seite und male ein Smiley.

Smiley

21 Wege, wie ich …

Kapitel 6:
Was kann ich als Manager eines Statisten tun?

„Man kann einen Menschen nichts lehren,
man kann ihm nur helfen, es in sich selbst zu entdecken."
Galileo Galilei

Selbstschutz zuerst

Das ist hier die oberste Priorität. Egal, ob Du „nur" jemand anderem helfen willst, oder ob Du aktuell selbst im Statistenmodus bist und nun andere mit auf den Weg zum Protagonisten Deines Lebens mitziehen möchtest, Du stehst an erster Stelle. Wenn jemand sich nicht verändern möchte, dann musst Du das akzeptieren. Du hilfst anderen nicht, indem Du Dich von ihnen mit runterziehen lässt. Stattdessen geh Du den Weg, sei Vorbild und wenn sie Dir dann freiwillig folgen, dann ist das toll. Manchmal müssen Menschen erst sehen, dass es jemand in ihrem Umfeld schafft und machen sich dann auch auf den Weg. Aber erhoffe es Dir nicht, ich habe am eigenen Leib erfahren, dass es Menschen gibt, die genau da bleiben werden wo sie sind, egal wie unzufrieden sie sind. Auch hier lautet die Devise loszulassen. Viele Menschen möchten anderen so sehr helfen, dass sie sich darüber hinaus vergessen und das ist doppelt blöd. Wenn Du ausbrennst, dann kannst Du nämlich nicht nur für Dich nicht mehr sorgen, sondern auch nicht für diese Personen da sein. Logisch oder? Also, wir stellen fest: Umso besser Du dafür sorgst, dass es Dir gut geht, umso mehr Energie kannst Du auch in andere investieren und das macht viel mehr Spaß als wenn ihr am Ende beide nicht mehr könnt. Gehe wenn nötig soweit auf Abstand, dass Es ist sehr löblich, wenn Du helfen willst, aber manchmal funktioniert das am Besten, indem Du einfach Vorbild bist und beweist, dass es möglich ist sein Leben zu verändern.

Vorbild sein

Richtig. Sei ein Vorbild. Auch ich hatte viele Vorbilder in den letzten Jahren und auch wenn es für den ein oder anderen von ihnen so ausgesehen haben mag, als habe ihr Einfluss auf mich nicht gewirkt, doch das scheint nur so. So viele Begegnungen, Gespräche und manchmal auch nur ein Post auf Social Media haben in mir Spuren hinterlassen. Die Samen, die in mir gesät wurden in Form von Träumen, Hoffnungen und Zielen, die haben eben ein wenig länger gedauert, um aufzugehen. Das ist wichtig zu wissen, denn Du musst Dich frei davon machen, dass andere sich direkt verändern. Geh den Weg für Dich, das ist Deine Aufgabe. Andere können sich nur selbst retten. Inspiriere einfach, indem Du eine bewundernswerte, authentische Geschichte schreibst. Das ist genau das, was ich in Zukunft tun möchte, denn es ist ein wundervolles Gefühl, wenn man seinen Weg nicht nur für sich geht. Das Wichtige ist nur, dass Du Dir von niemandem Deinen Mut, Deine Kraft und Deine Vision kleinreden oder gar zerstören lässt. Ein Vorbild geht voraus, zeigt, dass es möglich ist und, ganz wichtig, entkräftet die Ausreden der Anderen. Umso mehr meiner Kontakte um mich herum erfolgreich wurden, umso weniger Rechtfertigungen für Misserfolg blieben mir. „Ich bin zu jung." galt nur, bis einer meiner Kontakte jünger und erfolgreicher war, „Ich habe nicht genug Fachwissen." wurde durch einen Fachidioten vor dem Herrn entkräftet, der nichts auf dem Kasten hatte, aber sich perfekt zu verkaufen wusste. Selbst er erfüllte für mich eine Vorbildfunktion, denn wenn er es schaffte, ohne das viel dahinter steckte, dann gab es keinen Grund, warum ich es nicht schaffen sollte. Trau Dich zurück auf die Bühne Deines Lebens und raube den Menschen Ausreden.

Sanfter Druck

Wenn Du doch nicht loslassen kannst oder aber merkst, dass die andere Person zumindest zum Teil mitzieht, dann ist dieser Punkt ein ganz wichtiger. Druck motiviert den Menschen oft, aber aus eigener sowie aus beruflicher Erfahrung kann ich sagen, dass Druck für Personen mit Opfermentalität schnell zu viel wird und das oft zu Rückzug führt. Druck kann also auch viel zerstören. Später kommen wir zur Resilienz, einem ganz wichtigen Thema und da wirst Du besser verstehen können, warum es eben nur sanfter Druck sein sollte und warum hier der Spruch „Weniger ist mehr." so treffend ist.

Fordern und fördern

Baue den Menschen auf. Fordere wenig und lobe überschwänglich. Erkenne jeden noch so kleinen Erfolg an. Das tut Deinem Gegenüber gut und Dir, denn es gibt nichts schöneres, als andere Menschen durch unsere Worte wachsen zu sehen. Alles andere ist dann ganz einfach. Fühlt sich jemand wert geschätzt, dann wächst er oftmals über sich hinaus. Also kannst Du das Fordern Stück für Stück anpassen, wodurch Du den Selbstwert der Person weiter aufbaust und eine positivere Selbstwahrnehmung aktiv förderst. So durchbrecht ihr nach und nach den Teufelskreis und sorgt für Erfolgserlebnisse, die für den Betroffenen zu positiven Referenzerlebnissen werden, an denen er sich künftig hochziehen kann. All die Tipps aus diesem Kapitel kannst Du übrigens auch auf Dich selbst anwenden.

Kapitel 7:
Fühlst Du Dich wie eine Fehlbesetzung in Deinem Leben?

**„Jeder ist ein Genie! Aber wenn Du einen Fisch danach beurteilst,
ob er auf einen Baum klettern kann,
wird er sein ganzes Leben glauben, dass er dumm ist."**

Albert Einstein

Du bist richtig!

Wir Menschen sind so herrlich. Es gibt den Satz, dass man die richtige Person zur richtigen Zeit am richtigen Ort sein muss, damit etwas klappt. Also insgesamt 4 Variablen, die man verändern kann. Die Person, die Zeit, der Ort und das Ergebnis. Was machen wir damit? Richtig, wir glauben immer automatisch, dass es an uns liegt. Auch das ist Ergebnis unserer Prägung, wir sind darauf getrimmt, Fehler bei uns zu suchen und uns immer wieder in Frage zu stellen. Aber ich mein es so, wie es da oben steht: „Du bist immer richtig." Du bist als Unikat auf die Welt gekommen mit ganz besonderen Talenten und Gaben. Deswegen ist es ja so wichtig, dass Du herausfindest, wer Du wirklich bist. Lass uns mal schauen, wie das in der Filmwelt aussieht. Wenn Arnold Schwarzenegger als angepasster, unsicherer Grundschullehrer vorgesprochen hätte, hätte er diese Rolle bekommen? Vermutlich nicht, denn sein Auftreten und die Rolle sind nicht kongruent, egal wie gut er schauspielern kann, für solch einen Charakter gibt es wesentlich besser geeignete Besetzungen. Das heißt, wenn Du nicht die Resultate in Deinem Leben hast, dann zweifle nicht an Dir, sondern hinterfrage alles andere. Als erstes würde ich mich fragen, ob das Resultat überhaupt erstrebenswert ist. Ist es Dein Ziel oder kommt es von außen und wenn es von außen kommt, ist es überhaupt realistisch, es zu erreichen. Wenn Dein Chef utopische Dinge von Dir einfordert, dann ist es kein Versagen Deinerseits, wenn Du es nicht erreichst. Vielleicht ist es sogar das richtige Resultat, aber die falsche Zeit oder der falsche Ort. Das man nicht am Bahnhof auf ein Schiff wartet, das wissen wir alle, aber im Leben muss man manchmal genauer hinschauen, ob man für ein gewisses Ziel die richtigen Voraussetzungen hat. Fakt ist, dass Du ein Genie bist und unaufhaltbar sein wirst, wenn Du verstanden hast, wer Du bist und was Dich wirklich ausmacht. Umso mehr Du das Gefühl hast, dass Du die Fehlbesetzung bist, umso intensiver solltest Du in den

Prozess der Selbstfindung einsteigen, denn der Schmerz wird nicht aufhören, solange Du auf der falschen Bühne stehst. Stell Dir mal vor, Shakira reist aus Versehen als Vorband von einer Heavy Metal Band an. Sie wird es verdammt schwer haben, die Menge zu begeistern. Zusammen mit Ricky Martin hingegen würde sie absolut gefeiert. In dem Falle wäre sie entweder am falschen Ort oder zur falschen Zeit am richtigen Ort. Aber ist sie in einer dieser Situation schlechter oder besser als in der anderen? Nein, es passt nur nicht alles zusammen. Bist Du ein spiritueller, alternativer Mensch, wirst Du Dich als Bankangestellter eventuell nicht richtig fühlen. Das liegt aber nicht an Dir, Du bist lediglich am falschen Ort. Auch wenn das Beispiel jetzt ein bisschen überzogen wirkt und Du Dich fragst, wie so eine Person in einer Bank gelandet ist, solche Dinge passieren. Oft schlagen wir unseren Berufsweg nämlich ein lange bevor wir wissen, wer wir sind. Der bereits am Anfang erwähnte Automatismus. Hier noch einmal eine Zusammenfassung der wichtigsten Punkte dieses Absatzes:

„Du bist richtig."

Woran merkt man, ob man die falsche Rolle spielt?

Das ist eine gute Frage. Ehrlich gesagt glaube ich, dass es viele unbewusst schon lange wissen, aber bisher aus Angst nicht genauer hingeschaut haben. Hast Du Dich bei erfolgreichen Menschen in Deinem Umfeld oder auch in der Öffentlichkeit auch schon mal gefragt, wie die das, was sie tun alles unter einen Hut bringen? Kinder, Arbeit, Ehrenamt hier, Seminare da, Urlaub und dann immer gut gelaunt und so frisch wirkend. Wenn Du das Gefühl hast, dass Du das genaue Gegenteil davon bist, Dich Dein Leben schlaucht und ständig nur noch mehr Last auf Dich zukommt, dann bin ich mir ziemlich sicher, dass irgendwo was schief läuft. Denn diese Menschen sind nicht besser oder stärker als Du, aber sie sind im Flow. Wenn Du die richtigen Rollen spielst und alles im

Einklang ist, dann geht Dir alles leichter von der Hand und wenn Herausforderungen kommen, dann hat man von seiner Energie einfach mehr übrig, sich diesen zu stellen. Das heißt, auch diese Menschen werden vom Leben auf den Prüfstand gestellt, erfolgreiche Menschen werden Dir bestätigen, dass sie auch richtig große Probleme haben in ihrem Leben. Aber wenn Du im Alltag Deine Kraftreserven schützt, weil Du wirklich Dein Leben lebst und nicht ständig Energie verschenkst, indem Du Dich verstellst, dann siehst Du die Herausforderung, krämpelst die Ärmel hoch und gehst es an, von Anfang an zu 100% auf die Lösung fokussiert. Ist dem nicht der Fall, brauch manchmal nur ein ganz kleiner Windstoß kommen und es haut Dich förmlich um.

Ehrliche Bestandsaufnahme

Um jetzt aber dafür zu sorgen, dass künftig auch die anderen Variablen in der Gleichung passen, brauchen wir Klarheit. Mache eine schonungslos ehrliche Bestandsaufnahme. Was gefällt Dir in Deinem Leben, was gefällt Dir nicht und was wünschst Du Dir in Deinem Leben? Geh hier wirklich tief. Wenn Du diese Fragen ausführlich beantwortest, dann wird Dir das künftig wie eine Schatzkarte in Deinem Leben dienen. Woher ich das weiß? Naja, ich mache das selbst so. Schau Dir jeden Bereich Deines Lebens genau an. Wo spielt Du Rollen, die Du vielleicht nur aus Pflichtbewusstsein übernimmst oder aus der Angst heraus, jemanden zu verletzen, wenn Du es nicht tust? Bei welchen Dingen fühlst Du Dich mehr "Du", bei welchen empfindest Du eher Druck? Wo geht Dir das Herz auf? Lass Dir für diese Übung ruhig 2-3 Tage Zeit, in denen Du im Alltag wirklich in Dich rein spüren kannst, wie Du Dich fühlst. Hinterfrage, warum Du gerade das tust, was Du tust, genau im jeweiligen Moment. Zwischendrin ergänzt Du hier immer wieder die Listen. Und wenn Du dann nach den maximal 3 Tagen fertig bist und all Deine Erkenntnisse hier festgehalten hast (und gegebenenfalls auf extra Blättern, je nachdem, wie viel Du schreibst), dann mache Dir 3 Mindmaps, eine zu jeder Frage, sodass Du sie Dir an einen gut sichtbaren Platz hängen kannst und sie Dich immer wieder an Deinen Kurs erinnern. Ich mache diese Übung in regelmäßigen Abständen immer wieder, denn die Umstände ändern sich ja immer wieder, alte Ziele sind erreicht, neue kommen hinzu. Ich persönlich setze mich alle 3 Monate hin und mache eine größere Bestandsaufnahme. Also, dann viel Spaß und tolle Aha Momente bei dieser Übung, ich freue mich, wenn Du dann wieder zurück am Lesen bist.

Was gefällt Dir in Deinem Leben?

Was gefällt Dir nicht in Deinem Leben?

Was wünschst Du Dir in Deinem Leben, bzw. was fehlt aktuell noch?

Weckrufe des Lebens

Wenn Du Dich auf lange Zeit zu sehr von Deinem Weg entfernt hast, dann schreitet das Leben schon mal ein und schickt Dir deutlichere Zeichen. Wie ich schon geschrieben habe, sind wir heute oft so beschäftigt, dass wir diese innere Stimme erfolgreich verdrängen oder zumindest ignorieren können. Den Wink mit dem Zaunpfahl blendest Du also aus und irgendwann bekommst Du die Quittung. Den Zaunpfahl mit Anlauf richtig schön in die Fr***e. Entschuldige die Ausdrucksweise, aber genau das ist es, was wirkt. Dieser Schlag kann sich ganz unterschiedlich äußern, zum Beispiel als Burnout, Krebs oder Herzinfarkt. Es gibt unzählige Menschen, die nach solch einem Schicksalsschlag endlich aufgewacht sind und erkannt haben, was ihnen wirklich etwas bedeutet in ihrem Leben. Die plötzlich mit etwas völlig anderem Geld verdienen, mit etwas, das sie erfüllt und ihnen eine andere Lebensqualität erlaubt als ihr Lebensstil zuvor. Denn sie haben am Ende doch noch realisiert, dass das Leben tatsächlich zum Leben da ist.

Therapie - ja oder nein?

In meinen Augen gibt es keine Musterlösung für den richtigen Weg aus einer Krise oder einem Trauma. Ich habe im Austausch über Erfahrungen viele Menschen kennengelernt, denen bei einem Klinikaufenthalt geholfen werden konnte, aber auch viele, die sich seit Jahren von einem Aufenthalt über eine Therapie zur nächsten Klinik schleppen und denen es gerade so gut geht, dass sie sich nichts antun. Es ist sehr davon abhängig, ob man sich überhaupt wirklich öffnen kann. Mein erster Therapeut hat mir die ersten

Wochen gut helfen können, doch rückblickend habe ich erkannt, dass ich so gut darin war, Emotionen zurückzuhalten, dass ich selbst gar nicht an den tieferen Kern meines Traumas ran kam. Das heißt ich habe es in den Sitzungen nicht bewusst oder beabsichtigt zurückgehalten, sondern ich selbst nahm diesen tiefersitzenden Schmerz gar nicht wahr, so tief war er in mir vergraben. Das war der Therapeut von dem ich mich nach meinem ersten Persönlichkeitsentwicklungsseminar direkt verabschiedete. Die auf dem Seminar angewendeten Methoden wie zum Beispiel NLP (Neurolinguistisches Programmieren) gingen trotz 1400 Menschen im Raum tiefer, als eine 1:1 Sitzung wöchentlich über fast ein halbes Jahr. Allerdings kann das zusätzlich daran gelegen haben, dass ich den falschen Therapeuten für mich hatte oder gar die falsche Therapieform. Man kann also wirklich Glück haben, wenn man da an die richtige Besetzung gerät, aber auch hier ist es leider gut möglich, dass man sich wieder "falsch" fühlt, weil es einfach als Laie auch schwer ist zu erkennen, was brauche ich wirklich. Jahre später hatte ich in einer karitativen Einrichtung eine Ansprechpartnerin, mit der ich oft nicht einer Meinung war, aber wir fokussierten uns neben der Verarbeitung besonders darauf, dass ich mein Leben wieder auf die Spur bringen konnte und da half sie mir wiederum sehr. Jede Woche hatte ich so eine Reflektion meiner Woche, wir sprachen über Finanzen, über Routine und alles, was mir half, eine Stabilität in meinem Leben zu spüren, die mir Kraft gab. Im Umfeld habe ich aber immer wieder das Gefühl, dass Therapie etwas sehr Langfristiges ist und wenn man seinen Alltag so weiterlebt, wie bisher und wieder nicht innehält um zu schauen, ob man dieses Leben so überhaupt möchte, dann kann sich nicht viel ändern. Leider habe ich das Gefühl, dass viele über diesen Punkt nicht hinauskommen und sich quasi nur einmal die Woche "ausheulen". Wenn es Dir Lebensmut schenkt und Dir die Kraft gibt, weiter zu machen, dann ist das super, aber mein Anspruch ist tatsächlich, dass es Dir wieder richtig gut geht. Das Ziel kann doch nicht sein, gerade so zu überleben, wenn Du verstehst was ich meine. Für mich ist das der erste Schritt, zweifelsohne, denn wenn Du aufgibst, dann kann Dir keiner mehr helfen. Trotzdem darfst Du mehr vom Leben erwarten. Ich war bis heute nicht in einer Klinik, kann dazu also auch gar nichts sagen. Für mich ist es so. Auch wenn Traumen und Schicksalsschläge oft Parallelen haben, sie sind immer ganz individuell und sind auch nicht vergleichbar, da etliche Faktoren bestimmen, wie sehr etwas Einfluss auf Dich und Deine Seele hat. Genauso ist es mit dem Weg aus dem Dilemma. Mir persönlich würde ich sagen hat am Meisten mein Umfeld geholfen, das ich über die Jahre komplett verändert habe. Menschen, die an mich glauben, die genauso wie ich ihr Leben nicht als Arbeitssklaven verbringen möchten und sich und andere so annehmen, wie sie sind. Viele davon traf ich auf Seminaren, aber auch auf Netzwerk Veranstaltungen oder in Facebook Gruppen zu gemeinsamen Interessen. Positivität, der richtige Fokus und der Wille, wieder voll und ganz in Deinem Leben anzukommen, das lebt sich alles leichter, wenn Du Gleichgesinnte um Dich herum hast. Das mit der Therapie, das muss jeder wirklich für sich alleine entscheiden. Vielleicht probierst Du es aus, dazu würde ich immer raten, denn nur so merkst Du wirklich, ob etwas stimmig ist und für Dich funktionieren kann oder nicht. Am Ende ist es wichtig, überhaupt auf die Suche nach einem Ausweg zu gehen. Wenn Du das tust und nie aufgibst, dann findest Du ihn eines Tages.

Mentoring

Für mich persönlich am Ende der Punkt, der den Unterschied gemacht hat und der Grund, warum Ernst Crameri die erste Wahl für mein Vorwort ist. Von Seminaren mit mehreren hundert Teilnehmern, in denen ich definitiv immer sehr viel mitnehmen konnte, aber eben nicht konsequent in die Umsetzung kam, zu einem Seminarraum im wunderschönen Kempinski Gravenbruch bei Frankfurt mit exklusivem und überschaubarem Teilnehmerfeld. Angenehm?

Naja, erstmal eher unbequem. Ich war ein klein wenig eingeschüchtert, denn eins war direkt klar, verstecken war in diesem Raum nicht. Mittlerweile weiß ich, dass das das Beste war, was mir passieren konnte. Mittlerweile suche ich mir für die Baustellen in meinem Leben Fachleute und arbeite so eng wie möglich mit ihnen zusammen. Ja, ich besuche weiterhin auch größere Seminare, lese Bücher, höre Podcasts und gehe zu Netzwerk Events, denn das sorgt dafür, dass ich permanent in anderen Schwingungen und in einem anderen State of Mind, oder auch Geisteszustand bin, doch wenn ich auf diesem Weg eines bereue, dann ist es die Tatsache, dass ich mir für die größten Herausforderungen im Leben nicht früher einen Spezialisten als Ansprechpartner gesucht habe. Du glaubst, Du kannst Dir das nicht leisten? Da gibt es ein schönes Zitat dazu, welches ich Dir gern hier dalasse.

**„Wenn Du denkst, Bildung sei zu teuer,
dann versuche es mal mit Dummheit."**

Derek Bok

Ich für mich persönlich habe festgestellt, dass dieser Schritt endlich Resultate bringt und mit Resultaten kommt Geld und dieses Geld wäre nicht auf dem Weg zu mir, wenn ich diesen Schritt nicht gegangen wäre. Ich habe das Buchprojekt gestartet und kann mich nun Autorin nennen, ich habe mich getraut, mich auf die Bühne der Speaker Cruise zu bewerben und schon allein, was nach diesen 2 starken Entscheidungen für mich passiert ist, ich kann es noch gar nicht fassen. Die Investition in mich fließt um ein Vielfaches zu mir zurück und mein neues Lebensgefühl, das ist sowieso unbezahlbar. Bis vor ein paar Monaten war mein Leben ein völlig anderes und ich bin mir einfach so dankbar, dass ich das nach den ersten Einheiten in dieser Kleingruppe bemerkt habe. Denk dran, auch hier ist Eigenverantwortung wichtig. Nur, wenn Du wirklich auch hier die Verantwortung übernimmst, dann kannst Du vorankommen. Das heißt manchmal auch, nicht auf Leistungen der Kasse zu warten, wenn es mir schlecht geht, sondern auch selbst zahlen, wenn es eben einfach das ist, was mir weiterhilft. Manchmal fühlen wir uns auch selbstbestimmt, sind das aber gar nicht so recht. Das habe ich persönlich auch viel zu spät erkannt. Jedes Seminar und jedes Coaching habe ich selbst gebucht, niemand hat mich dazu gezwungen, nicht wahr? Allerdings kam das oft aus dem Mangel heraus und war mehr dem Verkaufstalent des jeweiligen Gegenübers zu verdanken. Nein, die Verantwortung gebe ich nicht ab, wie gesagt, unterschrieben habe ich immer freiwillig. Allerdings ergab sich das immer aus der Gelegenheit. Heute schaffe ich es, meine Entscheidungen anders zu treffen und das fühlt sich nun wirklich frei an. Wenn ich das Gefühl habe, dass ich zum Beispiel einen Ansprechpartner für mein Finanzmindset brauche, dann schau ich mir verschiedene Anbieter an und entscheide dann ganz in Ruhe, wer zum einen fachlich das anbietet, was zu meinem Bedarf passt, aber auch vor allem, wer menschlich zu mir passt. Egal in welchem Bereich, ich möchte mit bei einer Zusammenarbeit wohl fühlen und auch meine Werte gewahrt wissen. Nimm also Hilfe an und höre bei der Wahl dazu unbedingt immer auf Dein Bauchgefühl. Du musst Dich öffnen können bei dieser Person, Dich fallen lassen können.

Kapitel 8:
Finde Deine Rolle

„Wahre Schönheit beginnt in dem Moment, wo Du beschließt Du selbst zu sein."

Angelina Ister

Deine Wunderwaffe: Ehrlichkeit
Dieser Punkt ist heute ein echt heikler, ich habe das Gefühl, dass

immer weniger Menschen mit Ehrlichkeit umgehen können. Es gibt allerdings auch Ehrlichkeit und Ehrlichkeit. Wertschätzung ist für mich der Schlüssel dafür, dass Menschen mit meiner Ehrlichkeit umgehen können. Zum heutigen Zeitpunkt ist Authentizität mein zweitgrößter Wert, direkt nach Freiheit. Für mich geht authentisch sein nur mit Ehrlichkeit. Das heißt aber nicht, dass ich immer alles aus mir raus posaune, was ich denke. Wenn Du mich allerdings etwas fragst, dann werde ich Dir die Wahrheit sagen. Vielleicht sage ich Dir, dass ich nicht über dieses oder jenes Thema sprechen möchte, das ist dann auch einfach ehrlich. Das ist ein riesiges Benefit für die Menschen um mich herum, was sie aber oft erst nach einer Zeit bemerken und was ihnen oft gar nicht so bewusst wird, aber unbewusst wirkt es. Ich finde für dieses Thema sind Talentshows das beste Beispiel. Bei den Castings sind manchmal Menschen dabei, bei denen Du denkst, verdammt, niemand hatte je den Mut ihm oder ihr zu sagen, dass er einfach nicht begabt ist in dem, was er tut. Dieser Mensch hat eine wundervolle Gabe, aber er hat sie noch nicht entdeckt. Jetzt haben ihm seine Eltern, seine Freunde und wer sonst noch Einfluss auf ihn hatte, natürlich nichts Böses gewollt, also haben sie ihn darin bestärkt, seinem Traum zu folgen. Grundsätzlich super, ich bin immer dafür, dass man den Menschen, die einem etwas bedeuten, den Rücken stärken sollte. Jedoch in etwas, das sie wirklich können. Dazu, hinter jemandem zu stehen, gehört für mich auch der Respekt, dem anderen die Chance zu geben anhand von konstruktiver Kritik zu wachsen. Wie viele hätten es sich erspart, sich zum Gespött der Nation zu machen, wenn jemand ehrlich gesagt hätte: „Du, sorry, aber Du singst leider nicht gut." Super wäre doch, wenn man dieser Person rät, Gesangsstunden zu nehmen, vielleicht kann die Person dann ja zu einem guten Sänger werden. Das ist echte Unterstützung. Doch wenn das Feedback nie ehrlich ist, dann ist es für einen Menschen echt schwer, auf seinen Weg zu finden. Lob kommt auch viel besser an, wenn die Menschen wissen, dass Du auch mal sagst, wenn Dir etwas nicht passt. Denn wenn Du immer nur lobst, egal ob Anlass dazu besteht oder nicht, dann verlieren Deine Worte an Bedeutung, da sie nicht echt sind. Ich hatte in der Jugend 2 sehr unterschiedliche Fußballtrainer. Der eine war zu warmherzig für Kritik, der hätte mich noch nach einem Eigentor gelobt. Aufbauen ist ja super nach einem Fehler, aber Lob ist einfach unangebracht, wenn ich es total verbocke. Der Trainer danach war anders. Er forderte Disziplin, Einsatz und Leistung auf dem Platz. Trotzdem hatten wir zwischendrin richtig viel Spaß mit ihm, machten auch viele verrückte und lustige Dinge und auch er lobte häufig, aber eben nicht willkürlich. Anerkennende Worte von ihm machten mich jedes Mal gefühlte 2 Meter groß, denn ich wusste, wenn er mich lobte, dann weil ich was geleistet hatte. Das war echt und ging direkt ins Herz. Kritik äußerte er nie mit der Formulierung "Dies oder das war scheiße.", sondern er sagte: "Dies oder das kannst Du noch verbessern, indem Du …" Also kein Abwerten oder klein machen, sondern ein Hinweis und meist auch ein konkreter Tipp, wie man in der Situation anders agieren kann in Zukunft. So kannst Du wirklich wachsen und das ist der Benefit, den ich vorhin meinte. Das schätzen die Menschen an wertschätzender Ehrlichkeit. Und auch wenn es irgendwie schade ist, dass so wenige wirklich damit umgehen können, ist es gleichzeitig ein großer Segen in zweierlei Hinsicht. Zum einen ist es für Dich total einfach, herauszustechen. Das mag Dir anfangs noch Angst machen, aber glaub mir, es kann durchaus süchtig machen, wenn Du Dich nach und nach immer wohler mit Dir selbst fühlst. Des Weiteren wirst Du mit der Zeit feststellen, dass Du Dich nicht mehr ständig fragst, wer ein echter Freund ist und wer nicht, denn umso authentischer und ehrlicher Du Dir zu sein erlaubst, desto automatischer werden sich Deine Kontakte sortieren. Die einen werden mehr und mehr begeistert von Dir sein, sie werden zu echten Fans, während andere sich genauso von allein von Dir abwenden. Nichts Besseres als das. Es wird sich sehr deutlich abzeichnen, wer Dich genauso annimmt, wie Du bist. Denn wie sollen Dich die finden, die Dich lieben wie Du bist, solange Du noch eine völlig andere Rolle spielst. Wenn Du

Dir als Partner einen Hollywoodstar wünschst, dann wird es schwierig, solange Du nur auf den Statistencastings rumwuselst. Sei ehrlich. Nicht nur die anderen werden es Dir danken, sondern vor allem Du dir selbst. Es ist so unglaublich befreiend, wenn man nur noch Ja sagt, wenn man es so meint und sonst einfach Nein sagen kann. Das wird ganz viel mit Deinem Selbstwert tun, wenn Du Dir Ehrlichkeit künftig mehr und mehr erlaubst.

Mut

Den braucht es ganz sicher. Doch auch wenn wir mutig handeln, nehmen wir das oft selbst überhaupt nicht wahr. Wie viele Menschen sagen immer wieder zu mir, dass es ja so mutig ist, dass ich da so alleine ins Ausland gehe. Dann auch noch nach Mexiko. „Ja, jetzt wo ihr es sagt.", denke ich mir dann oft, aber trotzdem fühlt sich dieser Schritt für mich nicht mutig oder groß an. Wie kommt das? Nunja, meine Wahrnehmung der Welt ist eine ganz andere. Ich finde es mutig, sich heute noch auf eine Festanstellung zu verlassen oder wenn Menschen in meinem Alter glauben, dass sie später noch von der Rente werden leben können. Das finde ich richtig mutig. Ich bin ja nur meinem Herz gefolgt. Meinem inneren Ruf. Und doch haben die anderen natürlich Recht, denn meine Komfortzone habe ich so einige Male verlassen ab dem Entschluss, dass ich gehen werde. Sicheres Einkommen aufgegeben, Wohnung gekündigt, fremdes Land, ganz alleine. Wichtig ist also nicht nur, Mut zu haben, sondern auch, sich diesen anzuerkennen.

Wie ist man mutig? Indem man ein Risiko in Kauf nimmt, dass man einzugehen bereit ist, um etwas zu erreichen. Auch wenn wir überzeugt sind, dass wir etwas unbedingt wollen, brauchen wir Mut, denn wie wir bei den Entscheidungen schon gelernt haben, sich einem Ziel zuzuwenden bedeutet zeitgleich auch, sich von etwas anderem abzuwenden oder etwas zurück zu lassen. Das ist erfahrungsgemäß der schwierigere Teil, da das Alte immer auch ein wenig Sicherheit und Vertrautheit bedeutet, egal wie sehr man sich in eine neue Situation wünscht.

Wer bist Du?

Wenn Du diese Frage beantworten kannst, dann steht Dir die Welt offen. Erinnerst Du Dich an die 3 Fragen aus der Bestandsaufnahme? Irgendwo da liegt der Schlüssel. Allerdings ist das auch nur eine Momentaufnahme und Du wirst nicht direkt morgen das Gefühl haben, angekommen zu sein. Das musst Du aber auch gar nicht, solange Du die Suche beginnst. Wachstum und Veränderung gehören zum Leben wie das Atmen. Wenn wir das verinnerlichen, dann können wir einfach darauf vertrauen, dass wir den richtigen Weg zu uns finden werden, wenn wir die Augen offen halten. Lauf einfach los und verliebe Dich in den Menschen, der Du bist und zu dem Du wirst. Lebe intensiv, jeden Atemzug voll bewusst und durchdrungen von Dankbarkeit. Ich hatte auf dieser Reise lange das Gefühl, nicht wirklich weiter zu kommen und jetzt aktuell fühle ich mich, als wäre mein Verstand der Einzige, der das Tempo nicht halten kann, es ist unglaublich. Ich war Suchende, bis ich mich selber fand und sobald ich Klarheit darüber hatte, was wirklich mein Thema war, haben sich die Ereignisse überschlagen und jeden Morgen freue ich mich aufs Neue darauf, zu spüren, was sich verändert hat. Heute Morgen hatte ich Heißhunger, früher wäre ich zum Bäcker, hätte mir vermutlich mehrere Stückchen gekauft, weil die Entscheidung so schwergefallen wäre und eventuell wäre ich danach zum Bauern und hätte mir noch Möhren gekauft. Heute bin ich erst zum Bauern, hab die Karotten mitgenommen und auf dem Weg zum Bäcker sind mir die Himbeeren und Erdbeeren eingefallen, die ich noch im Kühlschrank habe. Und dann kam der Gedanke, dass ich dann ja auch umdrehen könnte. Der Gedanke war mir nicht neu, dieses innere Ringen à la Engel links, Teufel rechts, das kannte ich bereits. Neu war, dass der Engel gewann. Jahrelang habe ich mich vor mir selbst unglaubwürdig gemacht, weil ich von 100 dieser Zwiespalte 110 verlor. Auf dem Heimweg habe ich mir das Gemüse schmecken lassen und zu Hause gab es die Beeren zum Nachtisch. Strike. Vielen mag das banal vorkommen, aber wenn Du diesen Kampf Dein halbes Leben verloren hast, dann ist das unglaublich befreiend, denn diese Selbstsabotage war das mächtigste Hindernis auf dem Weg zu meinem Erfolg.

Früher habe ich mir ständig Gedanken darüber gemacht, was andere über mich denken, oft konnte ich dadurch gar nichts genießen. Soll ich Dir was sagen? Seit ich mir erlaube, endlich ich zu sein, habe ich dieses Kopfkino zu 99% eliminiert. Jetzt habe ich verstanden, dass es lustigerweise viel einfacher ist, wenn man authentisch ist. Seitdem ich dieses absurde Kopfkino nicht mehr fahre, sondern einfach tue, wonach mir ist, habe ich das Gefühl, dass die Menschen viel weniger reden. Vielleicht nehme ich es auch nur nicht mehr wahr – ehrlich gesagt ist es mir egal, es ist mir einfach keinen Gedanken und keine Energie mehr wert. Haters gonna hate, Du kannst es sowieso nicht beeinflussen.

Was sind Deine Stärken?
Wenn Du Deinen Stärken auf den Grund gehst, dann empfehle ich Dir eine kleine Zeitreise. Was ist Dir als Kind ganz natürlich leicht gefallen? In dem Alter waren wir noch näher dran an unserem echten Ich, deshalb ist das ein guter Indikator. Ich habe früher oft Gedichte geschrieben, in der Pubertät habe ich damit viele meiner Gefühle verarbeitet. Nach der Traumaerfahrung und im Alltagsstress ist dieses Talent die letzten Jahre überlagert gewesen von meinem „Funktionieren" Modus. Im letzten ¾ Jahr merke ich, dass meine kreative Seite und auch das Dichten wieder Platz in meinem Leben einnimmt. Ein weiterer wichtiger Aspekt, wenn es um Deine Stärken geht, das ist die Wahrnehmung Anderer in Deinem Umfeld. Der Optimalzustand ist, wenn die Stärken, die Du

bei Dir siehst, identisch sind zu denen, die Außenstehende Dir zuschreiben. Oft können andere einen interessanten Beitrag dazu leisten, dass wir mehr Stärken in uns erkennen, denn wir neigen dazu, Dinge, die für uns selbstverständlich sind, zu unterschlagen. Bitte daher auch Familie und Freunde, vielleicht auch Arbeits- oder Vereinskollegen, ob sie Dir kurz sagen/schreiben können, welche Stärken Du ihrer Meinung nach hast. Werte die Antworten zusammen mit Deinen eigenen aus. Gibt es Punkte, die andere aufführen, die Du nicht auf Deiner Liste hattest? Gratuliere. Ist es umgekehrt, dann hinterfrage, warum das so ist. Es kann durchaus sein, dass Du etwas sehr gut kannst, aber Du das nicht nach außen trägst oder es auch etwas ist, was andere nicht wahrnehmen oder wahrnehmen können. Wichtig ist, Klarheit darüber zu erlangen, was Du gut kannst, denn Du wirst dann die besten Ergebnisse erzielen können, wenn Du Dich auf Dinge konzentrierst, die Dir leichtfallen. Zum Einen, weil Du einfach gut kannst, aber ein wichtiger Punkt ist zudem, dass es Dich wenig Energie und Anstrengung kosten wird, weil es Dir leicht von der Hand geht. Du erreichst also mit Leichtigkeit mehr, ist das nicht gigantisch?

Meine Stärken:

Hier wird von uns Menschen oft ein gravierender Fehler gemacht. Statt sich auch die Talente zu konzentrieren, fokussieren wir uns oft auf den Versuch, Schwächen auszumerzen. Das Resultat? Wir werden nicht zum Experten auf einem Gebiet, sondern zum Durchschnitt in allem. Das kostet in den Bereichen, die uns nicht liegen richtig Kraft. Würden wir mit dem gleichen Aufwand an unseren Stärken arbeiten, so würden wir dort mit der Zeit so gut, dass wir uns massiv abheben und damit eine Expertise aufbauen, egal ob im Beruf, einem Hobby oder im Privatleben. Mache Du es anders. Jetzt, wo Du weißt, wo Deine Stärken liegen, mache Dir bewusst, wie Du sie mehr in Dein Leben integrieren kannst, um sie für Deinen Erfolg zu nutzen. Das wirkt sich positiv auf so viele Lebensbereiche aus. Wenn ich tue, was mir leichtfällt, dann macht es mehr Spaß, Arbeit fühlt sich nicht nach Belastung an, die Resultate sind besser, dadurch kann ich mehr Menschen positiv auf mich stimmen. Eine echte Bereicherung im Leben, da sich die einzelnen positiven Aspekte zu einer Aufwärtsspirale verbinden. Wenn Du diesen Zustand für eine Sache in Deinem Leben erreichst, hast Du das Gefühl, als hättest Du nicht nur den Fuß von der Bremse genommen, sondern als hättest Du dabei aus Versehen noch den Turbo gezündet.

Was sind Deine Werte?

Ein ganz wichtiger Aspekt im Leben sind Werte. Auch an diesen leben wir gerne mal vorbei, weil wir unsere Werte oft einfach nicht wirklich bewusst kennen und leben. Weißt Du genau, welche die 5 Werte sind, die für Dich die größte Bedeutung haben? Falls nicht, gehen wir vielleicht erst noch einmal einen Schritt zurück. Wikipedia sagt, dass „Wertvorstellungen oder kurz Werte im allgemeinen Sprachgebrauch als erstrebenswert oder moralisch gut betrachtete Eigenschaften bzw. Qualitäten bezeichnen […]." Welche Werte gibt es? Beispiele für Werte sind Liebe, Freiheit, Authentizität, Ehrgeiz, Ehrlichkeit, aber tatsächlich gibt es endlos viele Werte. Im Internet war die längste Werteliste, die ich fand, über 300 Werte lang und ich bin mir sicher, dass es noch viele weitere gibt. Interessant ist auch, dass sich Deine Werte in der Hierarchie verschieben können mit der Zeit, weshalb auch hier gut ist, wenn Du Dich immer wieder mit diesem Thema auseinandersetzt. Sammle in den nächsten Zeilen 25 Werte, die Dir wichtig sind. Im zweiten Arbeitsschritt ließt Du Dir Deine Liste durch und entscheidest Dich intuitiv für die 5 Werte, die Dich am meisten berühren. Zu wissen, welche Werte Du vertrittst, wird Dir bei künftigen Entscheidungen sehr hilfreich sein und auch beim Nein sagen, welches wir noch trainieren, denn wenn Du nun Klarheit darüber hast, welche Werte Du verkörperst, dann ist es auch einfacher festzustellen, was gegen Deine Prinzipien ist.

Brainstorming 25 Werte:

Meine TOP 5 Werte:

Werde MERK-würdig

Auf dem Schlossplatz in Stuttgart habe ich vor kurzem einen Teil einer Unterhaltung mitbekommen und ich wusste direkt, dass das hier ins Buch gehört. Einige Meter von mir saßen 2 junge Frauen auf einer Decke und sie sprachen über eine gemeinsame Freundin: „Normalerweise finde ich gedehnte Ohrlöcher immer schrecklich, aber Alex steht das einfach, es passt so zu ihr." Ich persönlich bin immer gern aus der Reihe getanzt und ich weiß, dass viele Menschen Angst davor haben. Doch auch meine Erfahrung sagt, dass es uns so ergeht wie in dem Beispiel oben. Wenn man sich etwas sucht, das nicht zu einem passt, nur um unbedingt aufzufallen, dann wird das komisch ankommen in Deinem Umfeld. Wenn Du aber nun lernst, wer genau Du bist und dann dementsprechend aus dem Rahmen fällst, dann ist das etwas völlig anderes und vor allem sehr Wertvolles. Du wirst den Menschen im Kopf bleiben und sie lieben Authentizität. Ich habe selbst schon eine neongrüne Strähne im Haar gehabt, damals die Farbe einer Firma, für die ich arbeitete, als Fitnesstrainerin hatte ich immer ein Hosenbein hochgekrempelt und beides waren perfekte Gesprächseröffner. Für mich besonders gut geeignet, weil ich auch wenn ich sehr offen bin, nicht die Beste darin bin, in der Kommunikation den ersten Schritt zu machen. Das hat quasi mein Branding übernommen. Mittlerweile ist es der rote Faden, der auf meinen Arm tätowiert ist. Egal wo ich bin, nahezu täglich werde ich darauf angesprochen und in Mexiko werde ich sogar regelmäßig auf der Straße von Leuten erkannt, die mich auf Facebook gesehen haben und das Tattoo ist definitiv eine große Hilfe. Früher als Teenager habe ich mit Make Up und einem tiefen Dekolletee versucht, Aufmerksamkeit auf mich zu ziehen, wie vermutlich viele junge Mädels auch, doch das war einfach nicht echt, das war nicht ich. Wenn Dein aus dem Rahmen fallen gekünstelt wirkt, dann reden die Leute, aber wenn Du einfach authentisch und kompromisslos zu Dir stehst, dann ist das wie bei meinem Beispiel von den 2 jungen Frauen auf dem Schlossplatz und Du wirst eher sogar bewundert dafür, dass Du Dich traust, voll und ganz zu Dir zu stehen. Für mich ein unbeschreibliches Gefühl von emotionaler Freiheit, denn dann ziehe ich auch viel leichter die richtigen Menschen ins Leben. So sind mein Inneres und mein

Äußeres im Einklang miteinander.

Die Reise zu Dir – Schritt für Schritt

**„Wenn du es eilig hast, gehe langsam.
Wenn du es noch eiliger hast, mach einen Umweg."**
Japanische Weisheit

Das ist ein wesentlicher Punkt bei der Veränderung in Deinem Leben. Natürlich kannst Du Vollgas geben, aber bitte finde erst heraus, wohin es wirklich gehen soll für Dich. Im Prozess der Selbstfindung ist es wirklich entscheidend, dass Du tief rein gehst und Dir in dieser Zeit auch nicht so viel Druck machst, sichtbare Erfolge zu erzielen, denn tatsächlich ist das bei Dir ankommen das Größte was Du erreichen kannst und danach wirst Du nicht mehr zu stoppen sein. Viele kratzen nur an der Oberfläche und wundern sich dann, dass sich nicht viel verändert, weil sie auf dieser Reise zu sich selbst eine Abkürzung nehmen wollten.

Kapitel 9:
Vom Statisten
zum Hollywoodstar

**„Auch wenn Deine Flügel gebrochen wurden,
sind sie doch dafür gemacht, Dich fliegen zu lassen."**
Marisa de Pablo

Bäääääm! Nun geht es für Dich ins Superhelden Bootcamp. Du kommst dem Kern Deiner Persönlichkeit und Deiner Vision immer näher, dafür haben wir die Weichen gestellt. Doch was braucht es wirklich, um mit Deinen neu gewonnenen Erkenntnissen über Dich selbst auch wirklich in den Flow zu kommen und dann auf ihm durchs Leben zu reiten? Hier scheitern übrigens auch viele echte Stars und Sternchen, das sind dann die, die leider den Drogen verfallen oder irgendwann nur noch mit Skandalen um ihre Person Schlagzeilen machen. Doch keine Sorge, wir arbeiten genau deshalb so intensiv an einem stabilen Fundament, dass das nicht geschieht. So kannst Du Deinen Erfolg, wie auch immer Du diesen für Dich persönlich definierst, erreichen und auf Dauer genießen. Die wichtigsten Punkte für diesen nachhaltigen und gesunden Erfolg neben der Basis, habe ich in diesem Kapitel für Dich thematisiert.

Klarheit

Mache Dir bewusst, dass das immer der erste Schritt ist, wenn Du eine Veränderung herbeiführen möchtest. Bevor Du ein Ziel erreichen kannst, musst Du es kennen und zwar ganz genau. Nur wer genau weiß, was er will, der kann all seinen Fokus und seine Energie in diese Richtung ausrichten. Umso klarer Du vor Deinem geistigen Auge siehst, wie es sein wird, wenn Du Dein Ziel erreicht hast, umso leichter wird Dir der Weg dorthin fallen. Hierzu empfehle ich Dir, Dein Ziel so oft es geht zu visualisieren.

Mit der Klarheit, die Du in diesem Buch bisher für Dich gewinnen konntest, möchte ich Dich wie bereits angekündigt zu einer weiteren Aufgabe einladen. Ja zu sich selbst zu sagen und nein zu Dingen, die man in Wirklichkeit gar nicht möchte, das ist für viele sehr schwierig. Mache Dir jetzt bewusst, wozu Du künftig ja sagen wirst, weil es sich für Dich gut anfühlt und wozu Du ab sofort nein sagst, weil es Dir nicht gut tut oder Dich dem Leben, welches Du leben möchtest, nicht näher bringt.

Ab sofort sage ich ja zu...

MIR!

Ab sofort sage ich nein zu...

Mindset

Nachdem Du nun mit jeder einzelnen Zelle Deines Körpers auf Deine
Vision, Dein Ziel ausgerichtet bist, geht es um Dein Mindset. Jeder
Veränderung beginnt mit einem Gedanken und alles, was wir uns
vorstellen können, das können wir auch erreichen. Ist Dein Fokus
hier voll und ganz auf das ausgerichtet, was Du erreichen möchtest,
dann wirst Du auch die Möglichkeiten und Wege sehen, die Dich
Schritt für Schritt Deinem Vorhaben näherbringen. Daher ist es
auch unwesentlich, schon von vorne herein den Weg bis zum Ziel
zu kennen. Als Statist musst Du noch nicht wissen, wie Du als
Hollywoodstar agieren musst. Es reicht, wenn Du verstehst, wenn
Du eine kleine Nebenrolle in einer Serie bekommst, in der Du
sprechen darfst. Bist Du dort angekommen, schaust Du, was Du für
die nächste Stufe auf der Erfolgsleiter benötigst. Beim

Navigationssystem wirst Du sicher auch nur schauen, wo Du als nächstes abbiegen musst und Dir nicht bei einer 700 km Reise den ganzen Weg von Anfang an einzuprägen versuchen, denn das ist einfach nicht wichtig. Wichtig ist es immer nur, den nächsten Schritt zu kennen und dann voll und ganz präsent zu sein, um dieses Zwischenziel zu erreichen. Nichts wird erreicht werden, wenn es nicht vorher gedacht wurde und Raum in Deiner Gedankenwelt bekommt. Besonders wichtig ist, dass Du wieder darauf achtest, Gedankenhygiene zu betreiben und so positiv wie möglich zu denken. Wie in einem Trainingslager – Tag für Tag und immer ein Stück weit besser. Das ist eine reine Gewohnheitssache, vertrau mir. Um die Bedeutung dessen noch einmal ganz deutlich zu machen, habe ich das Thema im nächsten Unterkapitel mal in Zahlen gepackt.

Prozentrechnung

Prozentrechnung ist in diesem Fall ganz einfach verständlich, keine Sorge, Du musst für dieses Beispiel nicht vorher Deine alten Mathematik Kenntnisse auffrischen, es stellt nur so schön plakativ dar, wieso eine positive Grundeinstellung so hilfreich für Dich ist. Stell Dir vor, Dein Mindset ist im „Normalzustand" zu 20% negativ und zu 80% positiv. Nun passiert etwas Unangenehmes, was Dich für den Moment 10% von Deiner Positivität kostet.

$$80 - 10 = 70$$

Du hast noch immer 70% übrig, Deine positive Haltung überwiegt weiterhin und Du wirst gut mit der Situation umgehen können. Nehmen wir an, Du bist genau ausgewogen, positiv und negativ halten sich bei je 50% die Waage.

$$50 - 10 = 40$$

In diesem Fall führt dieser kleine Zwischenfall bereits dafür, dass Deine Negativität nun die Überhand gewinnt. Es ist wahrscheinlich, dass Du Dich mehr mit dem beschäftigst, was Dich stört, als kreativ an der Lösung zu arbeiten.

Jetzt hast Du heut einen besonders schlechten Tag und hast nur noch klägliche 20% Deiner positiven Art übrig, die einem unerfreulichen Erlebnis die Stirn bieten können.

$$20 - 10 = 10$$

Jetzt bist Du ganz nah an der vollkommenen Negativität. Was glaubst Du wohl, wie hier die Chancen stehen, ohne nötige Ressourcen schnell wieder raus zu kommen? In der Tat, dies ist ein schwieriges Unterfangen. Ereilt uns in diesem Zustand ein Schicksalsschlag wie der Tod eines geliebten Menschen oder die Botschaft von einer ernsthaften Erkrankung, zieht es uns den Boden unter den Füßen weg und dass wir aktiv gegen die Krankheit ankämpfen, ist minimal. In diesem Fall wirst Du Dich 10 Mal eher Deinem Schicksal hingeben, weil Du keinerlei Glauben daran hast, dass Du etwas an der Situation ändern kannst.

Körpersprache

Wie im Innen, so im Außen. Dieses Thema hatten wir im Buch bereits und es ist ein ganz wichtiges. Irgendwann, wenn Du Dich an Deine wundervolle Einzigkeit gewöhnt hast, dann wird das mit der Körperhaltung völlig automatisch funktionieren, doch bis dahin solltest Du wirklich ganz bewusst auf diesen Punkt achten. Es gibt eine Studie, die herausgefunden hat, dass es, obwohl man immer sagt, dass etwas im Inneren anfangen muss, man auch mit der Körperhaltung Einfluss haben kann, was ich einen super spannenden Punkt finde. Du kannst das übrigens auch mal ausprobieren, am Besten in 2 kleinen Übungen. Zuerst nimmst Du eine zusammengekauerte Haltung ein und versuchst, Dich stark und selbstbewusst zu fühlen. Entweder es wird Dir schwerfallen oder Dir fällt auf, dass sich Deine Körperhaltung unbewusst verändert hat. Es ist einfach nicht möglich, dass Du in dieser Haltung innere Größe fühlst. Jetzt denke mal an etwas Negatives und lächle dabei. Was sind Deine Beobachtungen, was geschieht mit Dir? Auch hier gibt es wieder 2 Optionen. Entweder gewinnt der Gedanke und er beeinflusst Deinen Gesichtsausdruck oder das Lächeln bleibt auf Deinem Gesicht und die Negativität verschwindet. Beides zusammen geht nicht.

	führt zu		führt zu	
glücklich sein	lächeln		glücklich sein
hohes Testosteron	Alpha Verhalten		hohes Testosteron

Wie man in den Beispielen aus der Studie sehen kann, führt glücklich sein dazu, dass wir lächeln, soviel ist klar. Doch genauso kannst Du ein Lächeln dafür einsetzen, glücklich zu werden. Wenn man sich wie ein Alpha Mensch verhält, so kann das sogar das Testosteron pushen. Ich finde das sehr beeindruckend und das sollten wir in jedem Falle für uns nutzen. Denk bei der Körpersprache auch immer an das Beispiel mit den Verbrechern, die ihre Opfer anhand der Körperhaltung als Opfer einordneten.

Resilienz

Obwohl dieser Punkt ein so wichtiger ist, kannte auch ich den Begriff bis vor 8 Monaten noch nicht, obwohl mir das sehr geholfen hätte besser zu verstehen, was mit mir los war in den letzten Jahren. Resilienz ist psychische Widerstandsfähigkeit, also das, was Du benötigst, um schwierige Situationen in Deinem Leben zu meistern, indem Du auf vorhandene Ressourcen zurückgreifst. Auch wenn die Details hier den Rahmen sprengen würden, möchte ich Dir ganz kurz die 7 Teilbereiche der Resilienz vorstellen, denn umso stärker diese bei Dir ausgeprägt sind, umso leichter wird Dir fallen, eine Herausforderung zu meistern und im Falle dessen, dass Dir bewusst wird, woran es Dir eventuell im Hinblick auf eine starke Resilienz noch fehlt, hast Du die Möglichkeit, dies entsprechend aufzuarbeiten.

1. Impulskontrolle

   Hierbei geht es ganz grob gesagt darum, wie gut man seine Impulse steuert. Wenn ich mich aufrege, gebe ich dem Impuls nach, direkt an die Decke zu gehen oder kann ich diesen Impuls sozusagen unterdrücken. Genauso gilt das für Ablenkungen. Kann ich konzentriert an etwas arbeiten oder gebe ich jedem Impuls nach, der mich aus meinem Flow rausbringt.

2. Emotionssteuerung

   Kannst Du Emotionen von negativ in positiv umwandeln? Die Übungen aus dem vorherigen Absatz zur Körpersprache, das würde genau hier herein passen, denn wenn Du Dir bewusst machst, dass Du durch Deine Körperhaltung Deine Emotionen steuern kannst, dann hast Du genau dieses Ziel erreicht.

3. Empathie

   Wie gut kannst Du Dich in andere Menschen hineinversetzen? Dies hängt oft auch davon ab, wie sehr Du Dich selbst annehmen kannst, denn wenn Du mit Dir im Reinen bist, dann kannst Du wesentlich einfacher auch mit anderen umgehen, da sie nichts in Dir triggern, was Du in Dir selbst ablehnst.

4. Zielorientierung

   Wer sich Ziele setzen kann und diese konsequent verfolgt, der hat meist auch eine gute Impulskontrolle, da diese wiederum hilft, sich auf seine Ziele zu fokussieren.

5. Selbstwirksamkeitsüberzeugung

   Wie sehr man an sich selbst glaubt und daran, dass man etwas kann, das sagt dieser Punkt der Resilienz aus.

6. Optimismus

   Das ist wohl der eindeutigste Punkt. Hier geht es darum, wie sehr man daran glaubt, dass etwas gelingen wird.

7. Kausalanalyse

   Reflektion ist ein wichtiger Teil, um wachsen zu können und darum geht es in diesem Bereich. Wieso bin ich zu Resultat x gelangt? Was kann ich anders machen, um ein anderes Ergebnis zu erhalten? Solche Fragen stellt man sich bei der Kausalanalyse.

Deine Resilienz ist nur so stark, wie der schwächste Teilbereich dieser 7. Höre mal in Dich hinein und bewerte kurz, in welcher Reihenfolge Du diese Punkte bei Dir siehst. Fang mit dem an, von dem Du glaubst, dass er bei Dir am stärksten vertreten ist und arbeite Dich bis zu dem Teilbereich, bei dem Du den größten Handlungsbedarf für Dich selbst siehst. Auch das bringt Dir wieder Klarheit über Ressourcen, die bereits in Dir stecken, aber auch über die Baustellen, an denen es sich zu arbeiten lohnt. Falls Du mehr zu dem Thema wissen willst, empfehle ich Dir die Bücher von Katja Michalek zur Resilienz, sie ist eine Kollegin und Expertin auf dem Gebiet und es macht wirklich Freude, sich tiefer mit dem Thema zu befassen, weil es einem so viel über einen selbst verrät und so viele Möglichkeiten schafft, wenn man immer und immer besser wird.

Deine Resilienz „Hitparade"

1. ____

2. ____

3. ____

4. ____

5. _______________________________________

6. _______________________________________

7. _______________________________________

Beiß Dich fest an dem was Du willst

Wenn Du endlich Klarheit darüber hast, was Du wirklich willst im Leben, dann lass Dir das von nichts und niemandem ausreden. Es ist Dein Leben und es ist Deine Vision und wenn Du sie Dir vorstellen kannst, wenn Du fühlen kannst, wie es ist, wenn Du diese Vision lebst, dann kannst Du sie auch erreichen. Hole Dir die Bilder, die Emotionen und Eindrücke jeden Tag auf Deine imaginäre Leinwand, rieche sie, atme sie, mit jeder einzelnen Zelle. Eins kann ich Dir versprechen, das Leben wird Dich testen. Wäre es so einfach, sein volles Potential zu leben, dann würde es ja jeder machen. Nimm Die Challenge an, sieh die Herausforderungen, vor die Dich Dein Weg stellt, einfach als Chancen zum Wachsen. Lass nicht mehr locker, beiß Dich fest und lasse nicht los, bevor Du nicht diesen Leben lebst, welches Du Dir so sehr gewünscht hast.

Verliebe Dich in Dich, verliebe Dich ins Leben

Das ist das aller Wichtigste überhaupt, liebe Dich und liebe Dein Leben. Umso leichter es Dir fällt, den Fokus künftig auf das Positive auszurichten, umso leichter wird Dir auch dieser Punkt fallen. Tu es jeden Tag aufs Neue. Wenn Du morgens aufwachst, freue Dich auf die neuen 24 Stunden, die Du geschenkt bekommen hast. Lasse die Liebe durch Dich hindurch strömen, lächle, spüre Dich und die Verbundenheit zu Deinem Leben. Lass Leichtigkeit Dein ständiger Begleiter sein. Du bist frei, entscheidest nach Deinem Herzen oder aus dem Bauch hinaus, Du musst nichts, Du darfst. Klingt das nicht wundervoll? Wie sieht Dein ganz persönlicher Traumtag aus, ein Tag, den Du exemplarisch für Dein restliches Leben voller Liebe und Glück wieder und wieder leben könntest? Auch für diese Übung lasse ich Dir Platz zum Ausleben Deiner Phantasien. Nehme diesen Tag mit allen Sinnen wahr. Was riechst Du, wie fühlt es sich an, was hörst Du um Dich herum? Wer ist bei Dir? Tauche ganz tief in Deine Vorstellung, denn umso intensiver Du diese Phantasie erlebst, umso leichter ist es für Dein Unterbewusstsein künftig, Dich in die richtigen Bahnen zu lenken und Dir die richtigen Türen zu öffnen.

Mein Traumtag

Vertrauen

Das brauchst Du unbedingt. Als erstes in Dich selbst. Umso intensiver Du in die Übungen rein gegangen bist, umso tiefer sollte das Vertrauen sein in Dich und Deinen neuen Weg. Spüre jeden Tag diese Kraft in Dir, verbinde Dich mit Deiner Stärke, die viel zu lange in Dir geschlummert hat. Dann brauchst Du Vertrauen in Deine Mentoren, die Dich auf Deinem Weg, schließlich hast Du diese Menschen ausgewählt und wenn Du Dir vertraust, dann verlasse Dich auch darauf, dass Du die richtigen Wegbegleiter gewählt hast. Falls Du merkst, dass es irgendwann nicht mehr passt, dann triff einfach eine Entscheidung. Mentoren sind immer für einen gewissen Teilabschnitt des Weges da, wie lange das weiß man oft nicht, manchmal sind es nur wenige Monate, manchmal Jahre oder sogar Jahrzehnte, aber irgendwann brauchst Du vielleicht auch wieder jemand anderen. Worauf Du auch vertrauen solltest ist diese höhere Kraft, egal welchen Namen sie für Dich auch hat. Lass los und stürze Dich ins Abenteuer namens Leben. Mich persönlich begleitet in diesem Vertrauen immer ein Satz, den ich sehr wertvoll und beruhigend finde und der sich meines Erachtens schon oft als wahr herausgestellt hat in meiner Vergangenheit, wenn ich einen klaren und starken Entschluss fassen konnte:

„Das Leben spielt immer für Dich.”

Vergiss das nie. Das Leben ist auf Deiner Seite, nur musst Du Dich klar positionieren und wissen, was das bedeutet, damit das Leben Dich dabei unterstützen kann, Deine Ziele und Träume zu erreichen. Wenn Du nach diesem Grundsatz lebst, kann Dir nichts passieren und niemand wird Dich aufhalten, denn bisher war die einzige Person, die Dir wirklich im Weg stand, die, die Du morgens im Spiegel siehst. Jetzt aber hast Du in diesem Menschen einen neuen Verbündeten gefunden und kannst die Welt mit Deiner Art und Weise berühren und ein wenig besser machen. Du wirst nie wissen, wie weit Dein Handeln Kreise zieht und wen Du damit beeinflusst - aber Du hast die Entscheidung getroffen, auf jeden Fall positiven Einfluss auf andere zu haben. Das ist wundervoll und Du verdienst die höchste Form der Anerkennung - Vertrauen in Dich selbst und darin, dass Du Deinen Weg gehen wirst, ganz gleich, ob es manchmal schwer und aussichtslos erscheint in Deinem Leben.

Vertraue künftig wirklich darauf, dass Du alles kannst was Du willst, statt erstmal zu denken: „Das kann ich doch sowieso nicht.“

Als kleine Kontrolle habe ich hier 10 Punkte für Dich, die Du bitte von 1-10 bewertest, ganz intuitiv und mit dem Gefühl, welches Du gerade in Dir trägst.

1 =   Trifft überhaupt nicht zu
10 =   Trifft voll zu

1. Ich vertraue mir, alles zu schaffen was ich möchte   ____

2. Loslassen fällt mir leicht   ____

3. Ich liebe mich selbst   ____

4. Das Leben liebt mich   ____

5. Es fällt mir leicht zu verzeihen   ____

6. Ich glaube daran, meine Träume leben zu können   ____

7. Ich weiß, was ich kann   ____

8. Ich weiß, wer ich bin   ____

9. Mein Leben gestalte ich aktiv   ____

10. Ich bin wundervoll   ____

Vielleicht hast Du es bereits erkannt, diese Aussagen hast Du auf Seite 42 schon einmal gelesen. Nachdem Du die Übung gemacht hast, blättere zurück und vergleiche die Ergebnisse von davor mit denen danach. Wie viel hat sich verändert? Wo gab es die stärksten Veränderungen, gab es auch Punkte, die nahezu gleichgeblieben sind? Schau es Dir genau an, denn es verrät Dir viel darüber, wo noch immer Baustellen bei Dir zu finden sind und wo Du wiederrum schon sehr gut dabei bist. Halte Deine Erkenntnisse hier für Dich fest.

Kapitel 10
Eine Welt ohne Statisten – wenn jeder auf seiner ganz eigenen großen Bühne glänzt

Gedankenexperiment

Zum Ende dieses Buches möchte ich Dich auf ein Gedankenexperiment einladen. Stell Dir nach allem, was Du nun in diesem Buch gelesen hast, einmal kurz vor, dass es auf der Welt nur noch Menschen gibt, die in ihre Größe gehen, die Eigenverantwortung übernehmen und Schuld nicht mehr bei anderen suchen. Die sich bei jeder Handlung die Auswirkungen bewusst vor Augen führen und dabei auch an ihr Umfeld denken und nicht bloß an sich selbst. Bitte lasse diese Übung nicht aus, denn sie könnte die wichtigste in Deinem Leben sein, wenn Du dieses Gefühl mit in Deinen Alltag nehmen kannst. Nimm Dir einen Stift und nutze die nächsten Seiten, um aufzuschreiben oder zu malen, wie Du Dir diese Welt vorstellen würdest. Was wäre anders im Vergleich zur aktuellen Welt? Nimm Dir mindestens 30 Minuten Zeit, diese neue Welt mit allen Sinnen wahrzunehmen. Schaff Dir ein schönes Umfeld, ohne Ablenkungen. Was siehst Du? Wie ist es, wenn Du morgens frühstücken gehst? Wie riecht es? Wie sind die Menschen gelaunt? Was hörst Du? Ich lasse Dir ein paar komplett leere Seiten, Du kannst malen, schreiben, leb Dich aus und sei kreativ. Geh ganz tief rein, wir sehen uns danach wieder. Achso, eins habe ich fast vergessen: Viel Spaß beim kreativen Austoben.

Na, wie war das für Dich? Hätte sich in Deiner Vorstellung die Welt zum Besseren gewandt? Wie hat es sich angefühlt, in solch einer Welt zu leben? In meiner Phantasie sähe das ungefähr so aus, wie ich es im nächsten Absatz schildere. Es gibt vermutlich kein richtig oder falsch, denn noch existiert diese Welt nur in unserer Phantasie.

Eine Welt ohne Opfer – eine Welt ohne Täter?
Wenn ich mir vorstelle, wie es wäre, wenn alle Menschen ihre Größe leben würden, dann wird es mir warm ums Herz. Meist reagieren wir negativ auf andere Menschen, wenn diese uns spiegeln und wir in ihnen etwas entdecken, was wir an uns selbst ablehnen. Oder wir behandeln andere Menschen abwertend, weil wir uns nur dann größer fühlen, wenn wir andere klein machen – mit echter Größe

hat das aber nichts zu tun, denn diese entsteht nie aus einem Mangel heraus. Manchmal machen wir auch Dummheiten, nur um Aufmerksamkeit zu bekommen. All das wird überflüssig sein, wenn jeder sich selbst liebt. Nimmst Du Dich an, so wie Du bist, kannst Du auch andere annehmen wie sie sind. Abgesehen von psychischen Krankheiten glaube ich nicht, dass jemand zum Täter wird, der sich selbst, sein Leben und andere liebt. Weshalb sollte das passieren? Des Weiteren bin ich mir sicher, dass es wesentlich weniger Leid auf dieser Welt gäbe, womit auch Delikte wegfallen, die daraus entstehen, dass jemand keine andere Möglichkeit sieht, seine Familie zu ernähren.

In dieser neuen Welt unterstützen sich Menschen gegenseitig, wachsen gemeinsam und bauen einander auf. Man schätzt seine Gegenüber wert, ist dankbar für das, was man hat. Familien und Freunde sind stabile Pfeiler für diejenigen, die gerade mal vor Herausforderungen gestellt werden. Die eigenen Kinder werden ihren Talenten nach gefördert, werden bestärkt darin, neugierig zu sein, Neues zu probieren, die Welt zu entdecken. Wir folgen unserer Berufung. Der Lehrer sieht es als Geschenkt, Wissen mit Schülern zu teilen und sie zu selbstbewussten und eigenbestimmten Menschen zu machen. Niemand muss die Macht seines Berufs missbrauchen, um anderen damit zu schaden. Der Grundtenor ist ausgelassen fröhlich und unbeschwert, wir leben in Balance. Wer seine Bedürfnisse stillen darf und sich nicht zu verstellen braucht, der braucht die klaffende Leere in seinem Inneren nicht wieder und wieder exzessiv mit Berauschungsmitteln oder Konsum zu füllen versuchen. Essen ist keine Ersatzbefriedigung, sondern ein entspannter, sozialer Treffpunkt, es wird frisch gekocht und To Go brauchen wir nicht mehr, denn wir nehmen uns Zeit dafür, unserem Körper Gutes zu tun. Arbeitgeber respektieren ihre Arbeitnehmer und umgekehrt, denn auch hier gibt es keinen Machtkampf mehr, man will einfach gemeinsam das Beste für den Betrieb, die Kunden und alles drum herum. Wir leben im Überfluss, Mangelgedanken sind uns fremd. Weil wir uns nicht ständig gegenseitig verletzen, sind wir geselliger, haben tiefgreifende Partnerschaften, die lange halten und wirklich von Liebe, Vertrauen und Respekt geprägt sind. Wir separieren uns nicht in Geschlecht, Rasse, Vereinszugehörigkeit, sondern wir sind alle Menschen und spüren Verbundenheit statt Ausgrenzung. Menschen werden als Menschen gesehen, ganz egal, ob sie spezielle Bedürfnisse haben oder sich optisch abheben. Kriege sind überflüssig geworden, in der SBahn wird man von den anderen Personen mit einem freundlichen Lächeln angeschaut. Wir behandeln Tiere und die Natur genauso gut wie unsere Mitmenschen und sehen jeden Tag als Geschenk. Wir leben intensiv und doch ausgeglichen im Einklang mit uns und unserem Umfeld. Wir sind uns unseren und den Bedürfnissen anderer bewusst.

„Bewusstsein - Der Schlüssel zu einer besseren Welt"
Zu diesem Thema habe ich vor einigen Monaten ein Gedicht auf Spanisch geschrieben und habe es nun für Dich auf Deutsch übersetzt, weil ich finde, dass es hier sehr gut hinpasst. Es reimt sich zwar nach dem Übersetzen nicht mehr, aber es geht ja viel mehr um die Botschaft, die es vermittelt. Ließ selbst:

Bewusstsein

Der Schlüssel zu einer besseren Welt ist Bewusstsein

Denn wenn Du der Präsident bist und Du wärst Dir bewusst
über jede Träne die Dein Krieg verursacht
Und Du könntest den Schmerz spüren von jeder Person,
die einen geliebten Menschen verliert,
Wärst Du nicht so ein Arschloch
und würdest nicht diese Entscheidung treffen

Denn wenn Du Rassist bist und Du wärst Dir bewusst,
dass die Person, die Du schlecht behandelst, genauso fühlt wie Du,
Wärst Du nicht so ein Arschloch
und würdest nicht diese Entscheidung treffen

Denn wenn Du jemanden liebst und Du wärst Dir bewusst,
was Liebe wirklich ist,
Du würdest diesem Menschen nicht die Verantwortung aufbürden
Dich glücklich zu machen
Denn Du wüsstest, dass wahre, pure Liebe
weder Verpflichtungen noch Bedingungen kennt
Und dass Du Glück nur in Dir selbst finden kannst
Dann wärst Du nicht so ein Arschloch
und würdest nicht diese Entscheidung treffen

Doch Du bist Dir nicht bewusst
Über die Konsequenzen Deines bedauernswerten Verhaltens
Und anstatt Liebe mit der Welt zu teilen,
teilst Du Deine Leere
Denn Dein armes Herz
kann keine glücklichen Menschen ertragen,
erträgt es nicht allein zu sein

Und deshalb bist Du ein Arschloch
Und triffst eine schlechte Entscheidung
Nach der anderen
Doch Du fühlst Dich einfach nicht besser
Welch bemitleidenswerte Kreatur vor dem Herrn

Doch mit Bewusstsein kann man sehen,
welch arme Seele Du bist, ängstlich und allein
Denn niemand hat Dein Herz je mit Liebe erfüllt

Und weil es Dich zerreißen würde,

wenn Dir bewusst würde,
wie leer Du wirklich bist
Hast Du die Entscheidung getroffen,
ein Arschloch zu sein
und das Bewusstsein in Dir drin zu töten

Das Bewusstsein in mir
Lässt mich mit Dir fühlen
Und ich frage mich
„Wie sehr muss eine Seele leiden,
um so kalt zu werden
wie es Deine ist"

Und obwohl ich mich manchmal über Dich aufrege,
in meinen starken Momenten
umarme ich Dich in meinen Gedanken
denn ich weiß,
dass Gott Dich nicht so gemacht hat

Es ist ein Teufelskreis
denn leere Menschen ohne Bewusstsein
ziehen leere Menschen ohne Bewusstsein groß
Und jede Generation
lebt noch leerer und noch weniger bewusst
Noch weniger bewusst und noch leerer

Wenn Du im Bewusstsein bist
Bitte ich Dich um eine Sache -
Sei bewusst im Handeln
Teile Bewusstsein und Liebe
ohne müde zu werden, ohne jemals aufzuhören
mit jedem Menschen, der Deinen Weg kreuzt
mit Menschen, die Dir sympathisch sind
aber besonders mit denen, die Dir unsympathisch sind

Denn für eine bessere Welt
müssen wir das Bewusstsein neu erwecken

Triff Du die Entscheidung
kein Arschloch zu sein
Und lebe bewusst jeden Atemzug
mit jeder Zelle Deines Körpers
jeden einzelnen Moment Deines Lebens

Sei Dir Deiner Macht bewusst
denn der Schlüssel zu einer besseren Welt
sind Menschen mit Bewusstsein

Marisa de Pablo, im Juni 2018

Ich bin überzeugt, dass wir viel auf dieser Welt verändern können, wenn wir das Mitfühlen, das bewusste Wahrnehmen unserer Mitmenschen wieder fördern. Heute sind wir so intelligent und sollten mit mehr Menschlichkeit, die wir zulassen, so ziemlich jedes Problem dieses Planeten lösen können. Wache auf und wecke auf. Und werde dessen nicht müde.

Danke. Du bist ein Geschenk für die Welt.

Kapitel 11
Der Vorhang fällt

Schön, dass Du diesen Weg bis hier hin mit mir gegangen bist. Das zeigt, dass Du wirklich den Wunsch hast, wieder auf die große Bühne Deines Lebens (zurück) zu finden. Ich freue mich, von Deinen Erkenntnissen und Erfolgen zu lesen, egal ob als persönliche Nachricht oder Email, sehr gerne auch in der Facebook Gruppe zum Buch. Natürlich sind auch Fragen immer gern gesehen.

Facebook Profil: www.facebook.com/marisa.depablo.1

Gruppe zum Buch: facebook.com/groups/spielediehauptrolle
Email: keinopfermehr@gmail.com
Blog: www.keinopfermehr.de

Denk dran, es wird Dir wesentlich leichter fallen, wenn Du Dir einen Menschen an Deine Seite holst, der den Weg schon gegangen ist, den Du noch vor Dir hast. Mentoren sorgen deshalb für eine Abkürzung, weil Du eine Vorlage hast und nur noch abzeichnen musst. Ganz egal für welche Begleitung Du Dich entscheidest, entscheide Dich, Dir Begleitung zu suchen.

Egal, ob Du noch mitten im Prozess steckst, oder Deinen Weg schon genau vor Augen hast, ich wünsche Dir in jedem Falle von ganzem Herzen, dass Du dran bleibst und Dir Deinen Platz im Scheinwerferlicht sicherst, denn das ist Dein Platz, dort gehörst Du hin.
Ich entlasse Dich nun Du Superstar, Du Hollywoodsternchen, strahle und mache Dich groß und stark und glücklich, lebe Dein Leben.

Danke für Dein Commitment Dir gegenüber (das hast Du, wenn Du bis hierhin gelesen hast), Deine Zeit und Dein Vertrauen, dass Du mir geschenkt hast auf dieser Reise, ich freue mich, wenn wir auch weiterhin gemeinsam wachsen und sich unserer Wege wieder kreuzen.

Mir geht das Herz auf, bitte erlaube Dir, dass es Dir genauso geht und geh mit diesem offenen Herzen raus in die Welt.

In tiefer Verbundenheit,

Deine Marisa